실전 AI 코딩 첫걸음

실전 AI 코딩 첫걸음

발행일	2025년 8월 7일
지은이	안효정
펴낸이	손형국
펴낸곳	(주)북랩
편집인	선일영
편집	김현아, 배진용, 김다빈, 김부경
디자인	이현수, 김민하, 임진형, 안유경
제작	박기성, 구성우, 이창영, 배상진
마케팅	김회란, 박진관
출판등록	2004. 12. 1(제2012-000051호)
주소	서울특별시 금천구 가산디지털 1로 168, 우림라이온스밸리 B동 B111호, B113~115호
홈페이지	www.book.co.kr
전화번호	(02)2026-5777
팩스	(02)3159-9637
ISBN	979-11-7224-749-2 03000 (종이책) 979-11-7224-750-8 05000 (전자책)

잘못된 책은 구입한 곳에서 교환해드립니다.
이 책은 저작권법에 따라 보호받는 저작물이므로 무단 전재와 복제를 금합니다.
이 책은 (주)북랩이 보유한 리코 장비로 인쇄되었습니다.

(주)북랩 성공출판의 파트너
북랩 홈페이지와 패밀리 사이트에서 다양한 출판 솔루션을 만나 보세요!

홈페이지 book.co.kr · **블로그** blog.naver.com/essaybook · **출판문의** text@book.co.kr

작가 연락처 문의 ▶ ask.book.co.kr
작가 연락처는 개인정보이므로 북랩에서 알려드릴 수 없습니다.

실습하며 저절로 감 잡는 AI 프로젝트 완성 가이드

실전 AI 코딩 첫걸음

안효정 지음

내가 직접 만들어 쓰는 나만의 AI

수식보다 코드로, 이론보다 실습으로
지금 당신의 손끝에서 AI가 시작된다

북랩

프롤로그

"AI는 어렵다." 많은 사람들이 인공지능에 대해 이런 인식을 가지고 있습니다. 익숙하지 않은 수학 공식, 복잡한 알고리즘, 전문 용어들로 가득한 연구 논문과 기술 문서를 접하면 AI는 일부 전문가들만의 영역이라는 생각이 들기 쉽습니다. 저 역시 처음에는 그랬습니다. 하지만 연구자로서 수많은 프로젝트와 실습을 거치며 깨달은 사실이 하나 있습니다. **AI는 우리 모두가 사용할 수 있는 도구이며, 누구든지 자신의 분야에 맞게 활용할 수 있다는 것**입니다.

이 책을 쓰게 된 이유도 바로 여기에 있습니다. 저는 AI를 '전문가들만의 복잡한 기술'이 아니라 **여러분의 일상과 업무, 그리고 창의적인 프로젝트에 자연스럽게 녹아들 수 있는 실용적인 도구**로 소개하고 싶었습니다. 특히 파이썬이라는 비교적 배우기 쉬운 언어를 통해 AI의 핵심 원리를 접하고, 실습을 통해 실제로 작동하는 프로젝트를 만들면서 AI를 손에 익히는 경험을 제공하고자 했습니다.

이 책의 중심에는 **'실제로 해보는 것'의 힘**이 있습니다. 단순히 이론을 나열하는 데 그치지 않고 얼굴 인식, 객체 탐지, 이미지 분류 등 영상 데이터와 관련된 다양한 실습 예제를 통해 독자가 직접 AI 모델을 만들고 평가할 수 있도록 구성했습니다. 독자들은 웹캠으로 실시간으로 동작하는 AI 프로그램을 만들어보기도 하고, 사전에 학습된 모델을 활용하여 나만의 탐지기를 완성하기도 할 것입니다. 이런 과정을 통해 AI가 멀리 있는 것이 아니라 **직접 만지고, 고치고, 발전시킬 수 있는 가까운 도구**라는 것을 체감하길 바랍니다.

이 책은 기존의 AI 입문서들과 분명한 차별점을 가지고 있습니다.

첫째, AI를 배우는 목적을 단순한 '지식 습득'이 아닌 '실행 가능한 프로젝트 완성'으로 설정했습니다. 많은 입문서가 AI 이론이나 라이브러리 사용법에 치중하지만, 이 책은 실제로 작동하는 코드를 만들고 직접 동작시켜보는 것을 중심에 두고 있습니다. 특히 영상 데이터 기반의 객체 인식 프로젝트를 단계별로 따라가며 실습할 수 있도록 구성하여, '이해'뿐 아니라 '작동하는 결과'를 경험할 수 있도록 했습니다.

둘째, **TensorFlow와 PyTorch라는 두 개의 대표적인 AI 프레임워크를 나란히 소개**했다는 점입니다. 대부분의 AI 도서는 특정 프레임워크 하나만을 중심으로 설명하는 경우가 많습니다. 하지만 저는 **독자가 직접 두 프레임워크의 사용 방식과 특성을 비교해보고**, 자신에게 더 익숙하고 직관적인 도구를 선택할 수 있도록 돕고 싶었습니다. 같은 문제를 서로 다른 도구로 풀어보는 과정은 독자의 이해를 더욱 깊게 만들고, 나아가 **도구에 얽매이지 않고 본질을 꿰뚫는 능력**을 키우는 데 도움이 될 것입니다.

셋째, **복잡한 수식과 이론을 최소화하고, 시각적 자료와 직관적인 설명 중심으로 서술**했습니다. AI를 처음 접하는 독자들이 가장 어려워하는 부분이 바로 수학 공식과 추상적인 설명인데, 이 책은 그런 장벽을 낮추기 위해 노력했습니다. 코드 예제와 실습 중심의 설명, 그리고 각 장마다 결과 해석을 덧붙여 독자가 '왜 이렇게 되는지'를 직접 눈으로 확인하고 체감할 수 있게 구성했습니다.

이처럼 차별화된 구성은 단순히 '읽는 책'이 아닌 '직접 만들고 완성하는 책'으로서의 가치를 지향합니다. AI를 도구로 활용하고 싶은 모든 초보자에게 실질적인 첫걸음을 제공하는 것이 이 책의 핵심 목표입니다.

궁극적으로 저는 독자 여러분이 이 책을 통해 **AI를 자신의 분야에 적용할 수 있다는 자신감**을 갖게 되길 바랍니다. 단순히 정해진 예제를 따라 하는 데서 끝나지 않고, 여기서 배운 것을 바탕으로 **스스로 문제를 정의하고, AI로 해답을 찾고, 자신만의 모델을 개발해낼 수 있는 능력의 씨앗을 심는 것**, 그것이 제가 바라는 최종적인 모습입니다.

사실 인공지능은 기술 그 자체보다도 **그것을 어떻게 활용하고자 하는지에 따라 진짜 가치가 결정**됩니다. 어떤 이는 농업에서 병해충을 자동 감지하는 데 AI를 사용할 수 있고, 어떤 이는 의료 영상에서 이상 징후를 조기에 발견하는 데 AI를 활용할 수도 있습니다. 또 다른 누군가는 드론, 자동차, 음악, 교육, 환경 분야에서 AI를 접목하여 새로운 가능성을 열어갈 수 있습니다. 저는 이 책을 통해 **그 다양한 출발점 중 하나를 열어드리고 싶었습니다.**

이 책은 특히 AI를 처음 접하는 분들, 혹은 파이썬은 조금 다뤄봤지만 AI는 아직 생소하다고 느끼는 분들을 위해 쓰였습니다. 수식은 최대한 줄이고, 시각 자료와 코드 중심의 예제를 통해 **직관적으로 이해할 수 있도록 서술**했습니다. 또한 각 장의 말미에는 실습 코드의 출력 결과와 간단한 해석도 함께 제공하여, 독자가 자신이 배운 것을 실제로 확인하고 성취감을 느낄 수 있도록 했습니다.

마지막으로, 이 책을 완성하기까지 도움을 주신 분들께 감사의 말씀을 드립니다. 특히 이 책의 기획과 집필 과정에서 저의 아이디어를 끊임없이 검토하고 피드백을 주었던 동료 연구자들과, 항상 새로운 것을 배우려는 자세로 옆에서 응원해주었으며 제 삶의 원천이자 제 모든 사랑의 대상인 가족에게 깊은 감사를 전합니다.

또한, 집필 과정 전반에서 **AI 도구인 OpenAI ChatGPT의 도움을 받았음을 밝힙니다.** 다양한 개념을 정리하고, 예제의 흐름을 점검하며, 글의 구성과 표현을 다듬는 과정에서 ChatGPT는 훌륭한 조력자 역할을 해주었습니다. 이 책의 핵심 주제가 'AI를 실용적인 도구로 활용하는 방법'인 만큼, **저 역시 AI를 실질적으로 활용해 책을 완성하는 경험을 했다는 점에서 그 의미가 더욱 깊다고 생각합니다.** 이 자리를 빌려, 저자의 조력자로 함께해준 AI에게도 감사를 전합니다.

앞으로의 여정에서 이 책이 여러분에게 단단한 디딤돌이 되길 진심으로 바랍니다. 그리고 여러분의 각자 다른 길 위에서, AI라는 도구가 더욱 창의적인 해답과 가능성으로 연결되기를 바랍니다.

감사합니다.

2025년 8월

안효정

CONTENTS

프롤로그 _5

Introduction — 인공지능은 왜 배우는가

1. 인공지능이란 무엇인가? _15
2. 인공지능의 역사: 기계는 생각할 수 있을까? _17
3. 오늘날 AI는 어디에 쓰이는가? _26
4. 학습 여정을 위한 안내 _27

1부
파이썬으로 첫 코딩 — Hello World부터 실전까지
★ 초보자를 위한 문법과 실습을 통해 파이썬에 익숙해지는 단계

1. 파이썬(Python)과의 첫 만남: Hello World! - 설치, Hello World, print와 변수 _31
2. 계산기 만들며 배우는 연산자 - 숫자 다루기, 산술·비교·논리 연산 _37
3. 조건문과 반복문으로 흐름 제어하기 - if, while, for의 기본 활용 _44
4. 리스트와 딕셔너리로 정보 저장하기 - 데이터 구조로 정보 저장 _58
5. 함수로 코드 묶기와 재사용하기 - 함수의 기초, 입력값과 반환값 _67
6. 프로젝트 1: 나만의 비밀번호 생성기 - 실전 프로젝트로 통합 연습 _78

2부
데이터와 AI의 언어 – 넘파이부터 판다스까지

────── ★ AI를 하기 위해 꼭 알아야 할 수치 계산과 데이터 처리 입문

7. 넘파이(Numpy)로 수를 다루는 방법 - 벡터, 행렬, 슬라이싱 _85
8. 판다스(Pandas)로 표 형태 데이터를 자유자재로 다루기 - 시리즈, 데이터프레임, 필터링 _99
9. 데이터 시각화 입문: 숫자를 그림으로 읽는 힘 - matplotlib과 seaborn 맛보기 _108
10. 프로젝트 2: CSV 데이터 분석과 시각화
    - 오픈데이터로 배우는 실전 데이터 분석과 시각화 통합 _120

3부
인공지능 첫걸음 – 머신러닝으로 분류해보기

────── ★ 수식 대신 예제로 배우는 AI의 핵심 원리

11. 머신러닝이 뭘까? - 지도학습과 비지도학습의 개념 _131
12. 사이킷런으로 첫 머신러닝 모델 만들기 - 붓꽃 분류기 만들기 _135
13. KNN, 의사결정트리, SVM 비교와 분류기 원리 익히기 - 다양한 분류 모델 써보기 _143
14. 프로젝트 3: 손글씨 숫자 인식기 - MNIST로 간단한 이미지 분류 실습 _148

4부
딥러닝과 영상 데이터의 만남 – CNN 입문

────── ★ 텐서플로와 케라스를 이용해 영상 분류 모델을 직접 설계

15. 딥러닝이란? - 인공신경망과 퍼셉트론 개념 _161
16. 케라스와 파이토치로 신경망 만들기 - MLP 구조, 레이어 이해 _168
17. CNN 기초: 이미지가 숫자로 보이는 순간 - Conv, Pooling 개념 _181
18. CIFAR-10 이미지 분류 실습 - 딥러닝 모델 학습 체험 _189
19. 프로젝트 4: 나만의 고양이·강아지 분류기 - 데이터 증강, 정확도 개선 전략 _202

5부
실시간 객체 인식 프로젝트 완성
— 컴퓨터가 영상 이미지를 인식하도록 하기

★ OpenCV와 사전 학습 모델로 객체 탐지 프로젝트 완성

20. 객체 인식이란 무엇인가? - 객체 인식의 개념과 활용 _225
21. OpenCV로 영상 불러오기 - 웹캠, 이미지 읽기, 화면에 그리기 _229
22. 얼굴 인식의 첫걸음: Haar Cascade - 얼굴 찾기, 상자 그리기 _235
23. YOLO 모델로 실시간 객체 탐지 - 사전 학습된 YOLO 모델 활용 _245
24. 프로젝트 5: 나만의 객체 인식기 만들기 - 실시간 웹캠 객체 탐지기 완성 _253
25. 흐릿한 이미지를 또렷하게 - 슈퍼레졸루션 기술 활용 _261
26. 도전: 내가 만든 AI를 공유해보자 - GitHub와 Streamlit으로 웹 배포하기 _269
27. 완성 이후를 위한 안내서 - 더 배울 수 있는 길, 모델 확장, 커리어 안내 _278

부록

1. 자주 쓰는 AI 용어 사전 _283
2. 오류 해결법 모음 _289
3. 오픈데이터셋 목록 _298

에필로그 _302

참고 자료 및 문헌 _303

Introduction
— 인공지능은 왜 배우는가

인공지능(AI)은 더 이상 공상과학 영화의 전유물이 아니다. 스마트폰 속 음성 비서, 쇼핑몰의 추천 시스템, 자율주행 자동차, 병원의 진단 보조 시스템까지. 우리는 이미 AI와 함께 살아가고 있다. 하지만 AI는 언제부터 존재했고, 어떻게 지금과 같은 모습으로 진화했을까? 이 장에서는 인공지능의 역사와 전환점을 돌아보고, 지금 우리가 AI를 배우는 이유를 함께 살펴보고자 한다.

1. 인공지능이란 무엇인가?

인공지능(Artificial Intelligence, 이하 AI)은 인간의 지능이 수행하는 작업을 기계가 흉내 내거나 대체할 수 있도록 하는 기술이다. 예를 들어 이미지를 보고 사물의 이름을 말하거나, 문장을 읽고 의미를 이해하거나, 게임을 하면서 전략을 세우는 등의 활동을 컴퓨터가 수행하는 것이 이에 해당된다.

AI라는 용어는 1956년 다트머스 회의(Dartmouth Conference)에서 처음 제안되었으며, 그 이후 수십 년에 걸쳐 여러 차례의 발전과 정체기를 반복하며 오늘날의 형태로 진화해왔다. AI는 광범위한 영역을 포괄하며, 그 활용 방식과 기술 수준에 따라 다음과 같이 분류할 수 있다.

- 좁은 AI(Narrow AI): 특정 업무에 특화된 AI(예: 얼굴 인식, 번역기, 추천 알고리즘)
- 일반 AI(General AI): 인간처럼 범용적 사고를 할 수 있는 AI(아직 존재하지 않음)
- 강한 AI(Strong AI): 감정과 의식을 갖춘 AI(철학적 논쟁 포함, 실현되지 않음)

오늘날 우리가 실제로 접하고 활용하는 대부분의 인공지능은 좁은 AI로, 특정 문제를 매우 잘 해결하지만 인간 고유의 유연한 사고 능력과 범용적 지능까지 갖추고 있지는 않다.

인공지능의 하위 방법론: 머신러닝과 딥러닝

AI는 단일 기술이 아니라 다양한 알고리즘적 방법론(methodology)의 집합이다. 이 중 가장 핵심적인 하위 분야가 바로 머신러닝(Machine Learning)이며, 머신러닝의 하위 집합으로 딥러닝(Deep Learning)이 존재한다.

- 머신러닝은 데이터를 바탕으로 컴퓨터가 스스로 규칙을 학습하고 예측 또는 분류를 수행하게 하는 방법론이다. 사람이 명시적으로 규칙을 코딩하지 않아도, 데이터를 통해 패턴을 찾아낸다.
- 딥러닝은 머신러닝의 한 갈래로, 인간의 뇌 구조를 모방한 인공신경망(Artificial Neural Network)을 활용하여 이미지 인식, 음성 처리, 자연어 이해 등에서 탁월한 성능을 보인다. 딥러닝은 특히 대규모 데이터셋과 강력한 계산 자원이 확보될 때, 복잡한 패턴을 정밀하게 학습하고 높은 정확도를 달성할 수 있다.

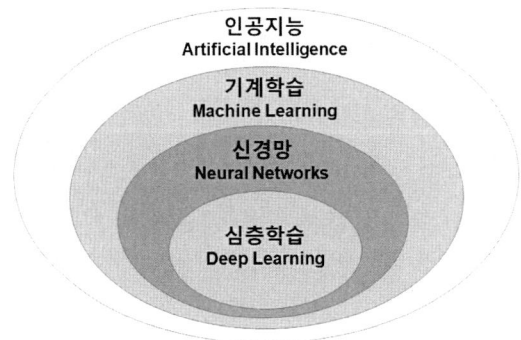

다양한 AI 방법론의 스펙트럼

본문에서는 머신러닝과 딥러닝에 중점을 두고 있지만, 실제로 AI에는 이외에도 다양한 방법론들이 존재한다. 대표적으로 다음과 같은 기술들이 있다.

- 전문가 시스템(Expert System)
- 규칙 기반 추론 시스템(Rule-Based Reasoning)
- 진화 알고리즘(Evolutionary Algorithms)
- 퍼지 로직(Fuzzy Logic)
- 지식 표현 및 추론(Knowledge Representation and Reasoning)

이들 방법론은 과거에 주로 사용되었거나 현재도 특정 분야에서 유용하게 활용되고 있으며, 딥러닝과는 다른 방식으로 문제를 해결할 수 있게 해준다.

이제 우리는 AI가 무엇인지 개념적 기반을 마련했다. 다음 장에서는 AI의 역사를 살펴보며, 이 기술이 어떻게 발전해왔는지 시간의 흐름 속에서 그 궤적을 따라가보자.

2. 인공지능의 역사: 기계는 생각할 수 있을까?

인공지능(AI)의 역사는 단순히 기술의 발전사를 넘어, 인간이 '지능'의 본질을 탐구하고자 했던 오랜 도전의 기록이다. 그 시작은 다소 철학적인 질문으로부터 출발한다.

기계가 생각할 수 있는가?: 튜링의 질문(1950)

영국의 수학자 앨런 튜링(Alan Turing)은 제2차 세계대전 당시 독일군의 암호를 해독한 공로로 유명하지만, 사실 그는 정보과학의 선구자이자 '인공지능의 아버지'로도 불린다. 튜링은 1950년 발표한 논문 「Computing Machinery and Intelligence」에서 놀라운 질문을 던졌다.

"Can machines think?"

이 질문은 단순한 수학적 호기심을 넘어, 인간의 지능을 기계로 구현할 수 있는가에 대한 본질적인 탐색이었다. 튜링은 만약 사람이 어떤 기계와 대화를 나눌 때 그 대화의 상대방이 기계인지 인간인지 구별하지 못할 정도로 자연스러운 대화를 나눌 수 있다면 그 기계를 '지능을 가진 존재'로 간주해야 한다고 주장했다. 이를 바탕으로 제안된 것이 바로 오늘날까지 회자되는 '튜링 테스트'이다.

튜링 테스트는 인간 판별자가 기계 혹은 인간과 문자 기반 채팅을 통해 대화를 나눈 뒤, 누가 기계이고 누가 인간인지를 정확히 구분하지 못할 경우 해당 기계는 지능을 가진 것으로 본다는 개념이다. 여기서 중요한 포인트는 지식의 양이나 정답률이 아니라, 얼마나 인간처럼 자연스럽고 일관된 방식으로 대화를 주고받을 수 있는가이다. 이 테스트는 현재 우리가 사용하는 대화형 AI 기술(예: 챗봇, 가상 비서)의 철학적 뿌리로 여겨지며, 여전히 AI의 지능 수준을 판단하는 고전적이면서도 상징적인 실험으로 평가된다.

 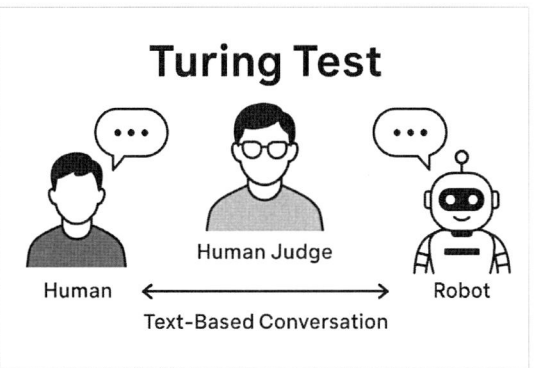

앨런 튜링(Alan Turing)　　　　　튜링 테스트 개념도(Chat GPT 작성)

💡 인간과 기계의 경계를 시험한 첫 실험인 튜링 테스트는 지능을 '측정'하는 것이 아닌, '느끼게 만드는' 실험이었다.

AI라는 이름이 태어난 순간: 다트머스 회의(1956)

1956년 여름, 미국 뉴햄프셔주의 작은 마을에 있는 다트머스대학에서 역사적인 학술 행사가 열렸다. 이 회의의 주제는 지금의 기준으로 보아도 놀라울 정도로 급진적이었다. 회의를 제안한 이는 당시 29세였던 젊은 수학자 존 매카시(John McCarthy)였으며, 그는 '기계가 지능을 가질 수 있다'라는 가정 아래 여름 연구 프로젝트를 제안했다. 이 회의가 바로 '인공지능(AI, Artificial Intelligence)'이라는 단어가 공식적으로 처음 사용된 자리였다.

매카시를 비롯해 마빈 민스키(Marvin Minsky), 클로드 섀넌(Claude Shannon), 앨런 뉴웰(Allen Newell), 허버트 사이먼(Herbert Simon) 등 당시 컴퓨터과학과 인지과학의 선도적 인물들이 참여한 이 회의는 그 자체로도 인류 과학사에 한 획을 긋는 사건이었다. 이들은 '모든 학습이나 지능의 측면은 원칙적으로 기계로 시뮬레이션할 수 있다'라는 전제하에 사고, 학습, 추론, 번역, 그리고 게임 플레이까지 다룰 수 있는 기계의 가능성을 논의했다.

회의의 결과물이 즉각적인 기술로 이어진 것은 아니었지만, 이 회의는 AI라는 이름을 공식화하고 학문적, 산업적 연구의 출발점을 마련했다는 점에서 결정적인 전환점이 되었다. 이후 AI는 점점 더 많은 연구자와 산업계의 관심을 끌게 되었고, 인간의 지능을 구현하려는 본격적인 여정이 시작되었다.

2008년 모스크바에서 열린 다트머스 태스크포스 회의
(출처: 영문 위키피디아)

1956년 다트머스 워크숍 참석자 사진
(출처: https://www.scienceabc.com)

💡 AI라는 용어의 탄생: 인간 지능을 모사하고자 하는 꿈이 하나의 학문으로 자리 잡는 역사적 순간이었다.

AI 겨울과 깊은 침묵(1970~1980년대)

초기 AI 연구자들은 매우 낙관적이었다. 그들은 수십 년 안에 기계가 인간처럼 문제를 해결하고 언어를 이해하는 수준에 도달할 수 있으리라 기대했다. 그러나 1970년대에 들어서며 그러한 기대는 점차 냉소와 회의로 바뀌게 된다. 컴퓨터의 연산 능력은 아직 충분하지 않았고, 가장 중요한 요소인 대규모 학습 데이터는 사실상 존재하지 않았다. 자연어 처리, 음성 인식, 시각 정보 해석 등 대부분의 AI 과제는 인간에게는 쉬운 일이었지만 기계에게는 극복하기 어려운 장벽이었다.

이 시기의 대표적인 사건 중 하나는 미국 국방성 산하 고등방위연구계획국(DARPA)이 자연어 번역과 자율주행 연구에 대규모 투자를 했다가 그 성과가 기대에 크게 미치지 못해 1973년 대규모 예산 삭감을 단행한 것이다. 특히 영국에서는 'Lighthill Report'라 불리는 보고서가 AI에 대한 과도한 기대를 비판하면서 정부의 AI 연구 지원이 줄어드는 계기가 되었다.

이러한 일련의 실망은 'AI 겨울(AI Winter)'이라는 용어를 탄생시켰다. 이는 정부, 기업, 학계 전반에 걸친 연구 투자 감소와 기술적 회의론을 반영한 시기였다. 많은 연구 프로젝트가 중단되거나 축소되었으며, 'AI'라는 단어조차 연구 제안서에서 기피되는 경향이 생겼다.

그러나 이 시기에도 일부 연구자들은 포기하지 않고 AI의 핵심 문제들을 천천히 해결해

나갔다. 예를 들어 전문가 시스템(Expert System)은 일정 수준의 규칙 기반 추론을 가능케 하면서 산업 현장에서 제한적인 성공을 거두었다. 이러한 기초 연구는 훗날 딥러닝과 빅데이터 기반 AI의 부흥을 이끄는 밑거름이 되었다.

전설이 깨진 날: 딥블루 vs 카스파로프(1997)

1997년 5월, IBM의 슈퍼컴퓨터 딥블루(Deep Blue)는 세계 체스 챔피언 가리 카스파로프(Garry Kasparov)와의 6번의 대국에서 2승 3무 1패, 총점 3.5 대 2.5로 승리하며 인류 지성의 상징적 영역인 전략적 사고에서 기계가 인간을 넘어설 수 있음을 보여주었다. 이는 인공지능 역사에서 기술적 쾌거를 넘어 문화적 충격으로 기록되었다.

1997년 5월 11일 딥 블루와 대국 중인 게리 카스파로프(출처: Youtube 장면 캡처)

딥블루는 단순한 계산 기계가 아니었다. 당시 기준으로 1초에 2억 수 이상을 탐색할 수 있었으며, 체스 이론과 인간 기보 데이터를 분석해 최적의 수를 빠르게 찾아냈다. 특히 카스파로프의 수를 분석해 실시간으로 전략을 조정하며 적응 능력을 보인 것은 AI가 '정적'이 아닌 '대응형 지능'으로 진화하고 있음을 시사했다.

이번 대결은 그 자체로도 전 세계의 이목을 끌었지만, 더욱 중요한 것은 이 사건이 인간과 AI 사이의 경쟁 구도를 상징적으로 보여줬다는 점이다. 카스파로프는 경기 직후 "나는 기계의 힘을 과소평가했고, IBM은 인간의 감정을 과소평가했다"라고 말하며 패배를 인정했고, 이는 인간 지능의 한계를 진지하게 받아들이는 계기로 작용했다.

한편 딥블루는 '좁은 AI'의 대표 사례로서, 특정 문제(체스)에 대해 엄청난 연산력과 룰 기반 전략 탐색을 통해 인간을 이길 수 있음을 증명했다. 그러나 이 승리는 인간 지능의 '전체'를 이긴 것이 아니라, 특정 구조 내에서의 '부분적 우위'였다는 점에서 한계를 지닌다. 그럼에도 불구하고 딥블루 사건은 AI가 단순한 도구를 넘어 하나의 '상대자'로 여겨지게 되는 역사적 전환점이었으며, 이후 알파고와 GPT로 이어지는 AI 발전의 서막을 알린 대표적 이정표로 평가된다.

이 사건 이후 체스계와 학계에서는 AI의 역할에 대한 논의가 활발히 이루어졌고, 많은 체스 대가들이 AI를 훈련 파트너로 받아들이며 역설적으로 인간 실력 또한 크게 향상되었다. 기술이 인간을 대체할 것인가 하는 질문을 넘어, 기술과 인간이 어떻게 공존하고 상호 발전할 수 있는지를 모색하는 본격적인 논의가 시작된 것도 이즈음이었다.

💡 계산 능력으로 인간의 전략을 꺾은 최초의 기계: 인간 직관 vs AI 계산의 첫 대결이 낳은 상징적인 사건이다.

인간의 감정을 자극한 AI: 왓슨 vs 인간 퀴즈 챔피언(2011)

2011년, 미국의 인기 퀴즈쇼 '제퍼디(Jeopardy)'에서 IBM의 또 다른 인공지능 시스템인 왓슨(Watson)이 등장하며 다시 한번 AI가 세간의 주목을 받았다. 이 쇼는 단순한 퀴즈와 달리 복잡한 언어유희, 풍자, 시사 정보 등이 얽힌 고난이도 문제를 빠르게 이해하고 대답해야 하는 방식으로, 인간 언어 이해 능력이 핵심이다. 왓슨은 이전까지 누구도 AI가 따라올 수 없을 것이라 여겨졌던 영역, 즉 인간 특유의 언어 감각과 해석 능력에 도전장을 내밀었다.

왓슨은 두 명의 전설적인 인간 챔피언, 켄 제닝스(Ken Jennings)와 브래드 러터(Brad Rutter)를 상대로 대결했다. 이 경기에서 왓슨은 엄청난 자연어 처리 능력과 광범위한 지식 검색 능력을 바탕으로 최종 우승을 차지하며, 'AI가 인간의 언어를 실시간으로 해석하고 응답할 수 있는가?'에 대한 중요한 사례를 남겼다. 특히 사람의 언어적 맥락을 해석하고 수많은 후보 정답 중에서 가장 확률 높은 답변을 선택해내는 과정을 통해 AI가 '언어 이해'의 문을 실질적으로 열었음을 보여주었다.

미국 퀴즈쇼 '제퍼디'에서 슈퍼컴퓨터 왓슨(Watson)이
'제퍼디' 최다 연승자와 최고 상금왕을 상대로 승리하는 장면(출처: Youtube 장면 캡처)

 이 사례는 이후 의료, 법률, 금융 등 복잡한 언어 해석과 정보 분석이 필요한 산업에 AI가 본격적으로 활용될 수 있는 가능성을 열어주었다. IBM은 실제로 왓슨을 기반으로 한 의료 진단 AI 서비스를 개발해 암 진단과 치료 계획 추천 등의 분야에 적용했다. 이는 AI가 단순히 숫자를 계산하거나 규칙을 따라가는 것을 넘어, 인간과 협력하고 조언하는 존재로 진화하고 있음을 보여주는 흥미로운 전환점이었다.
 이러한 언어 기반 AI의 진보는, 곧 AI 기술의 핵심 동력 중 하나인 '딥러닝(deep learning)' 기술의 재조명으로 이어졌다.

💡 언어적 맥락과 감정을 건드린 첫 AI의 등장: 감탄을 넘어 공감과 두려움을 동시에 불러일으킨 사건이었다.

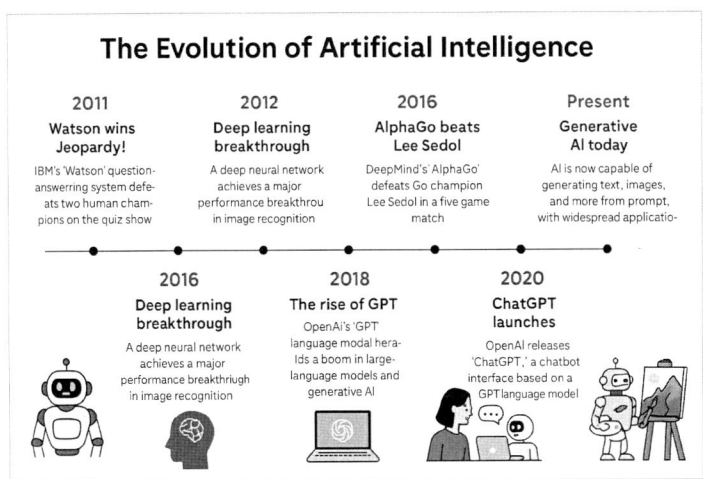

AI의 르네상스: 딥러닝의 부상(2010년대)

2006년, 캐나다 토론토대학교의 제프리 힌튼(Geoffrey Hinton) 교수는 '딥러닝(deep learning)'이라는 개념을 통해 다층 신경망의 가능성을 새롭게 제시하였다. 당시에는 비효율적이라는 이유로 외면받던 이 구조는, GPU의 병렬 연산 능력 향상과 빅데이터 및 클라우드 환경의 발전 덕분에 2010년대 초부터 다시 주목받기 시작한다.

특히 2012년, 힌튼과 그의 제자들이 개발한 딥러닝 모델 AlexNet이 이미지 인식 대회 ImageNet에서 압도적인 성능 차이로 우승하면서 전 세계 AI 연구자들과 산업계의 시선이 다시금 AI로 향하게 되었다. 이 사건은 'AI의 르네상스'를 촉발시켰으며, 이후 음성 인식, 번역, 자율주행 등 다양한 분야에서 딥러닝이 핵심 기술로 자리 잡게 된다.

💡 딥러닝의 도약은 AI를 '기계 학습'에서 '기계 진화'의 시대로 이끌었다: AI 르네상스의 서막이었다.

인간의 직관을 뛰어넘은 AI: 알파고의 등장(2016)

2016년, 구글 딥마인드(DeepMind)가 개발한 **알파고(AlphaGo)**가 한국의 이세돌 9단과 벌인 바둑 대결은 AI 역사에서 감정적으로나 기술적으로 깊은 충격을 남긴 사건이었다. 바둑은 체스보다 훨씬 많은 경우의 수를 갖고 있어 기존의 연산 기반 AI로는 풀기 어려운 게임으로 간주되었다. 하지만 알파고는 딥러닝과 강화학습을 결합하여 스스로 기보를 분석하고 전략을 진화시켜, 결국 인간 최고수를 상대로 4승 1패를 거두었다.

특히 제2국에서 알파고가 둔 '78수'는 인간 바둑 기사들조차 생각하지 못했던 수로, 이를 통해 사람들은 AI가 단순히 계산만 하는 것이 아니라 창의적인 수를 둘 수 있다는 사실에 큰 충격을 받았다. 이세돌은 제4국에서 유일한 1승을 거두고 나서 "이 한 판으로 AI에 인간이 졌다는 사실을 남기지 않게 되어 기쁘다"라는 말을 남기며 인간 의지의 상징처럼 회자되었다.

알파고와의 경기에서 첫수를 두는 바둑 기사 이세돌 9단(출처: 한국기원)

이 사건 이후 바둑계는 물론, 교육과 연구 및 산업계에서도 AI의 잠재력에 대한 인식이 급속도로 변화했다. 수많은 연구자와 기업들이 AI의 '직관적 판단' 능력을 모델링하고자 했으며, 알파고 이후 알파제로(AlphaZero) 같은 범용 게임 AI까지 등장하면서 AI 기술은 새로운 국면에 접어들었다.

💡 인간의 오랜 마지막 영역이 무너진 날: 이 사건은 AI가 창의성조차 모방 가능한 존재가 되었음을 상징했다.

창조의 영역을 넘나드는 AI: GPT와 생성형 AI의 등장(2018~)

2018년 이후, 오픈AI(OpenAI)를 비롯한 여러 연구소에서 발표한 GPT(Generative Pre-trained Transformer) 시리즈는 인공지능이 인간의 언어를 이해하고 생성하는 방식에 혁신을 가져왔다. GPT-3와 이후 모델은 수많은 텍스트를 학습해 사람처럼 자연스럽게 대화를 나누고 소설, 시, 기사, 코드까지 창작할 수 있는 수준에 도달했다.

GPT의 등장은 단순히 챗봇 기술의 고도화를 넘어서, AI가 인간의 창의적 영역에까지 진입하고 있다는 신호탄이 되었다. 특히 2022년 말 공개된 ChatGPT는 전 세계 수억 명이 사용하는 대화형 AI로 빠르게 자리 잡으며 교육, 마케팅, 프로그래밍, 의료 등 수많은 산업 분야에 영향을 끼쳤다. 사람들은 이제 'AI는 무엇까지 할 수 있을까?'라는 질문보다 '우리는 AI와 함께 무엇을 해야 하는가?'라는 질문을 던지기 시작했다.

💡 GPT의 등장은 AI가 인간의 언어를 넘어서 창조성과 상상력의 영역으로 진입했음을 보여준 신호탄이다.

지금 우리는 어디에 있는가?

2020년 이후, AI는 또 다른 형태의 진화기를 맞이하고 있다. GPT, ChatGPT, DALL·E, Midjourney 등 생성형 AI(Generative AI)는 단순히 언어와 이미지를 이해하는 수준을 넘어서 그것들을 새롭게 창작해내기 시작했다. 과거의 AI가 주로 데이터를 '분류'하거나 결과를 '예측'하는 데 중점을 두었다면, 현재의 AI는 이야기, 그림, 코드, 전략 등 인간의 창작과 사고의 영역에 깊숙이 들어서고 있다. 다시 말해서, 이제 AI는 새로운 콘텐츠를 창작하고, 인간과 소통하며, 협업할 수 있는 능력을 보여주고 있다.

우리는 지금 'AI가 인간을 대체할 수 있는가'라는 질문에서 벗어나, 'AI와 함께 무엇을 창조할 수 있는가'라는 새로운 패러다임의 전환점에 서 있다. 이 변화는 단지 기술적 혁신만을 의미하지 않는다. 그것은 우리가 살아가는 사회, 커뮤니케이션 방식, 창의적 노동의 본질까지 바꾸고 있으며 AI를 배운다는 것은 곧 새로운 문명과 소통하는 언어를 익히는 일이 되었다.

이러한 흐름 속에서, 인공지능의 발전은 직선적인 진보가 아니라 반복적인 도전과 실패, 그리고 그로부터의 학습을 통해 이루어져왔다는 사실이 분명해진다. 그리고 이 책은 바로 그 치열하고도 흥미로운 여정에 첫 발걸음을 내딛으려는 독자 여러분을 위한 실용적인 길잡이로 구성되었다.

3. 오늘날 AI는 어디에 쓰이는가?

AI는 이미 우리의 삶 곳곳에 깊숙이 들어와 있다. 다음은 그 대표적인 사례들이다.

- 의료: CT·MRI 영상 분석, 조기 암 진단, 유전자 기반 신약 개발
- 금융: 자동 대출 심사, 금융 사기 탐지, 알고리즘 트레이딩
- 제조·물류: 스마트팩토리, 로봇 자동화, 공급망 예측
- 국방: 자율 무인기(UAV), 표적 인식, 사이버 보안
- 농업: 병해충 자동 탐지, 작물 생육 예측, 드론 기반 농업 솔루션
- 항공우주: 위성 영상 분석, 궤도 예측 최적화, AI 기반 항공기 결함 예측 시스템, 우주 임무 계획 자동화
- 기상·재난 대응: 날씨 예측 정밀도 향상, 홍수·지진·태풍 조기 경보 시스템 개발, 재난 대응 시뮬레이션
- 수색 및 구조: 실종자 위치 추정, 드론 기반 실시간 수색 경로 최적화, 구조 활동 중 자동 지도 생성
- 에너지: 원자력 발전소의 이상 진단, 전력 수요 예측, 풍력·태양광 발전량 예측 및 최적 제어
- 교육: 학습자 맞춤형 튜터링 시스템, 학습 스타일 분석, 자동 평가 및 피드백 제공
- 일상 서비스: 음성 비서, 사진 분류, 추천 시스템, 번역기

이처럼 AI는 특정 산업 분야를 넘어서 모든 분야에 접목 가능한 범용 기술로 자리 잡고 있으며, 앞으로의 직업과 기술 환경에서 AI 활용 능력은 필수적인 기본 소양이 될 것이다.

4. 학습 여정을 위한 안내

 이 책은 인공지능을 처음 접하더라도, 수학 공식을 몰라도, 프로그래밍 경험이 없어도 AI를 실습하고 이해할 수 있도록 구성되어 있다. 단순히 따라 하는 실습이 아니라, '왜 이렇게 하는가'를 함께 고민하며 배우는 여정을 제공한다. 여러분이 이 책과 함께 걸어갈 여정은 다음과 같다.

1부: 파이썬으로 첫 코딩 — Hello World부터 실전까지

 AI를 만들기 위한 기초 언어인 파이썬부터 배운다. 단순한 문법 암기가 아니라, 직접 코딩하며 문제를 해결하는 실습 중심이다. Hello World부터 조건문, 반복문, 데이터 구조까지 차근차근 익히고 첫 프로젝트로 나만의 비밀번호 생성기를 만들어본다.

2부: 데이터와 AI의 언어 — 넘파이부터 판다스까지

 AI는 숫자와 데이터를 이해하는 일이다. 2부에서는 수학 대신 넘파이로 수를, 엑셀 대신 판다스로 데이터를 다루는 법을 배운다. 실제 영화 평점 데이터를 불러와 분석하고 시각화하는 과정을 통해 데이터 분석의 핵심 감각을 익히게 된다.

3부: 인공지능 첫걸음 — 머신러닝으로 분류해보기

이제 본격적으로 AI의 세계로 들어간다. 복잡한 수식 대신 직관적인 예제와 시각화 중심으로 머신러닝의 원리를 이해한다. KNN, 결정트리, SVM 등 대표 모델을 사이킷런으로 실습하며, 손글씨 숫자를 분류하는 프로젝트까지 함께 만들어본다.

4부: 딥러닝과 영상 데이터의 만남 — CNN 입문

AI가 이미지를 보고 판단하는 과정을 다룬다. 텐서플로와 케라스를 활용해 직접 인공신경망 모델을 설계하고 학습시키는 과정을 체험한다. 고양이와 강아지를 구분하는 나만의 CNN 모델을 만드는 프로젝트도 포함된다.

5부: 실시간 객체 인식 프로젝트 완성하기
— 컴퓨터가 영상 이미지를 인식하도록 하기

실시간으로 웹캠에 나타난 물체를 탐지하는 객체 인식 AI 프로젝트를 완성한다. OpenCV와 YOLO 모델을 활용하여, 실제 사용 가능한 객체 인식기를 만들어보며 AI의 실용성을 체험할 수 있다. 마지막으로 내가 만든 AI를 웹에 배포하는 방법까지 함께 다룬다.

우리의 목표는 '작동하는 AI'를 직접 만드는 것
이 책의 목표는 단순한 이론 공부가 아니라, 직접 손으로 만들며 배우는 것이다. 각 장마다 짧은 미션과 실습, 시각 자료와 해설을 통해 AI가 어떻게 동작하는지 감각적으로 익힐 수 있도록 구성했다. 무엇보다 중요한 건, AI를 만드는 일은 결코 먼 미래의 일이 아니라는 점이다. 지금 여러분이 손에 쥔 이 책은 AI 개발자의 길로 향하는 첫 안내서이자, AI와 함께 성장해가는 여정의 시작점이다.

1부

파이썬으로 첫 코딩

— Hello World부터 실전까지

초보자를 위한
문법과 실습을 통해
파이썬에 익숙해지는 단계

파이썬, 왜 시작해야 할까?

프로그래밍 언어는 컴퓨터와 소통하는 언어이다. 우리가 컴퓨터에게 어떤 작업을 시키고 싶을 때는 프로그래밍 언어를 통해 명령을 전달한다. 그중에서도 '파이썬(Python)'은 문법이 간단하고 읽기 쉬우며, 다양한 분야에서 활용되는 대표적인 프로그래밍 언어로 손꼽힌다. 실제로 구글, 넷플릭스, NASA와 같은 글로벌 기업이나 기관에서도 파이썬을 핵심 기술로 활용하고 있다. 특히 인공지능(AI), 데이터 분석, 웹 개발, 게임 제작, 사물인터넷(IoT) 등 다양한 분야에서 파이썬이 광범위하게 쓰이고 있다.

파이썬이 사랑받는 이유는 무엇일까? 첫째, 배우기 쉽다. 영어 문장처럼 자연스럽게 읽히는 문법 덕분에 프로그래밍 입문자에게 최적화된 언어다. 둘째, 사용할 수 있는 라이브러리가 풍부하다. 이미 누군가 만들어놓은 강력한 기능들을 불러와 쉽게 사용할 수 있기 때문에 복잡한 기능도 간단한 코드로 구현할 수 있다. 셋째, 커뮤니티가 활발하다. 문제를 해결하기 위한 정보가 많고, 질문을 올리면 금세 답변을 받을 수 있다.

이 책은 그런 파이썬을 처음 배우는 독자들이 코딩을 이해하고 실제로 동작하는 프로그램을 만들어보며, 결국엔 인공지능 기술 중 하나인 영상 기반 객체 인식까지 도달할 수 있도록 단계별로 안내하는 여정을 담고 있다. 이제, 그 첫걸음을 함께 시작해보자.

1. 파이썬(Python)과의 첫 만남: Hello World!

— 설치, Hello World, print와 변수

파이썬 설치하기 및 개발 환경 준비하기

1) 파이썬 설치하기

파이썬을 사용하려면 먼저 컴퓨터에 파이썬을 설치해야 한다. 파이썬은 무료이며, 설치 과정도 매우 간단하다.

① 공식 홈페이지 접속하기

인터넷 브라우저를 열고 https://www.python.org 주소로 접속한다. 이곳은 파이썬 개발자들이 직접 운영하는 공식 사이트다.

② 설치 파일 다운로드하기

메인 화면 상단의 'Downloads' 메뉴를 클릭하면, 운영체제에 맞는 최신 버전의 설치 파일이 자동으로 추천된다. 일반적으로 Windows 사용자는 'Python 3.x.x' 버전의 설치 파일을 다운로드하면 된다.

③ 설치 시작하기

다운로드한 파일을 실행하면 설치 화면이 나타난다. 여기서 반드시 확인해야 할 부분이 있다. 바로 'Add Python to PATH'라는 체크박스다. 이 옵션을 선택하면 터미널이나 명령 프롬프트에서 쉽게 파이썬을 실행할 수 있으므로 반드시 체크하고 설치하자.

④ 설치 확인하기

설치가 완료되었는지 확인하려면, 터미널(또는 명령 프롬프트)을 열고 다음 명령어를 입력해보자.

```
python --version
```

정상적으로 설치되었다면, Python 3.x.x와 같은 버전 정보가 출력될 것이다.

2) 개발 환경 준비하기

파이썬을 설치한 후에는 코드를 작성하고 실행할 수 있는 개발 환경을 준비하는 것이 좋다. 다음은 대표적인 입문자용 개발 환경들이다.

① IDLE(파이썬 기본 제공)

파이썬을 설치하면 함께 설치되는 기본 편집기이다. 가볍고 간단해서 처음 배우는 사람에게 적합하다.

- 시작 방법: 설치 후, 시작 메뉴에서 'IDLE'을 검색해서 실행한다.

② VS Code(Visual Studio Code)

마이크로소프트에서 만든 강력한 코드 편집기이다. 다양한 언어를 지원하며 확장 기능이 매우 많다.

- 다운로드: https://code.visualstudio.com

설치 후, 'Python Extension'을 설치하면 파이썬 개발에 최적화된다.
설치 방법은 다음과 같다.

- VS Code를 실행한 후, 왼쪽의 네모 아이콘(확장 기능)을 클릭한다.
- 검색창에 'Python'을 입력하면 Microsoft에서 제공하는 Python 확장 기능이 나타난다.

- 해당 확장을 클릭한 후, '설치(Install)' 버튼을 눌러 설치를 완료한다.

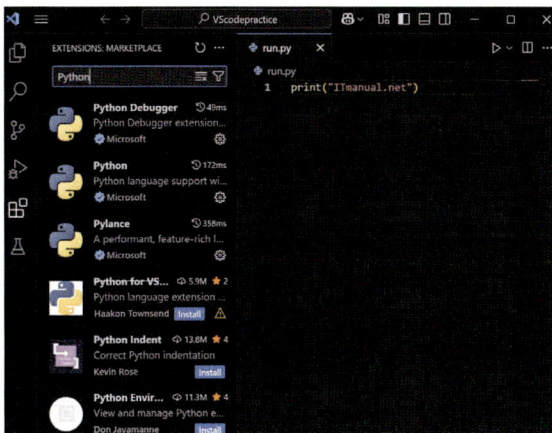

이 확장을 설치하면 코드 자동 완성, 문법 강조, 디버깅 기능 등을 편리하게 사용할 수 있어 초보자에게 큰 도움이 된다.

③ 주피터 노트북(Jupyter Notebook)

웹 기반의 파이썬 실행 환경으로, 데이터과학과 인공지능 실습에 매우 유용하다. 코드 실행 결과를 바로 아래에서 확인할 수 있다. 설치 방법은 다음과 같다.

- 터미널에 pip install jupyter 입력
- 설치 후 jupyter notebook 명령어로 실행

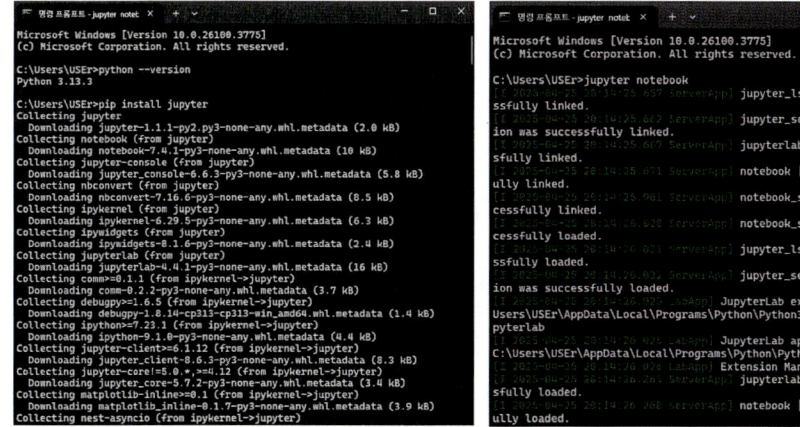

💡 추천 환경

이 책에서는 실습과 데이터 시각화를 함께 다루기 때문에, VS Code 또는 Jupyter Notebook을 사용하는 것을 권장한다.

모든 환경은 처음엔 생소할 수 있지만, 일단 하나를 골라 꾸준히 사용하면 익숙해진다. 중요한 것은 '도구'보다 '연습'이라는 것을 잊지 말자.

첫 번째 파이썬 코드: Hello World!

파이썬 설치가 끝났다면, 이제 본격적으로 코드를 작성해보자. 코딩의 첫걸음은 언제나 마치 전통처럼 'Hello, World!'를 출력하는 것이다. 이는 단순하지만, 코딩의 전체 과정을 경험해볼 수 있는 의미 있는 예제다.

- 코드 예시

```
print("Hello, World!")
```

이 코드는 print()라는 함수를 사용해 괄호 안의 문자열을 화면에 출력하는 것이다. 여기서 'Hello, World!'는 출력될 문자이며, 큰따옴표(")로 감싸서 문자열임을 나타낸다. 작은따옴표(')를 사용해도 동일하게 작동한다.

이 코드를 실행하면 화면에 다음과 같은 결과가 출력된다.

```
Hello, World!
```

간단하지만, 이 과정은 파이썬이 정상적으로 설치되었는지, 코드를 제대로 작성했는지 확인할 수 있는 중요한 단계다.

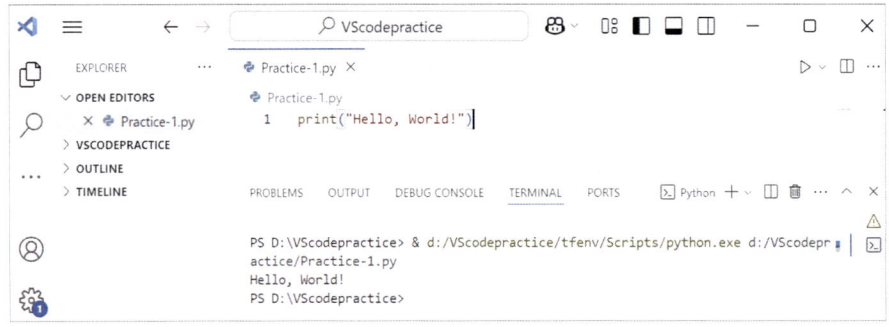

변수와 주석: 프로그램의 기억과 설명

프로그래밍에서 '변수(variable)'는 값을 저장하는 이름표 같은 것이다. 예를 들어 이름이나 나이 같은 정보를 컴퓨터에 저장하고 싶다면, 각각의 데이터를 변수에 저장하면 된다.

```
name = "Alice"
age = 20
print(name)
print(age)
```

이 코드에서 name이라는 변수에는 'Alice'라는 이름이, age라는 변수에는 '20'이라는 숫자가 저장된다. '=' 기호는 변수에 값을 대입하는 역할을 한다. 이후 print() 함수를 통해 변수에 저장된 값을 출력할 수 있다.

또한, 코드를 작성할 때 '주석(comment)'을 활용하면 훨씬 이해하기 쉬운 코드가 된다. 주석은 # 기호로 시작하며, 파이썬은 이를 코드로 인식하지 않고 무시한다.

```
# 이 코드는 이름과 나이를 출력하는 예제입니다.
print(name)
print(age)
```

주석은 코드의 의미를 설명하거나, 협업 시 다른 개발자에게 내용을 전달할 때 매우 유용하다.

🎯 실습 미션: 직접 해보자!

지금까지 배운 내용을 바탕으로 간단한 실습을 해보자.

- 본인의 이름과 나이를 변수에 저장하고, 이를 출력하는 코드를 작성해보자.
- 코드 위에는 주석을 달아, 이 코드가 어떤 역할을 하는지 설명해보자.

- 예시

```python
# 내 이름과 나이를 출력하는 코드
my_name = "Jihyun"
my_age = 33
print(my_name)
print(my_age)
```

이렇게 직접 입력해보고 실행해보는 과정이 가장 좋은 학습법이다. 틀려도 괜찮다. 오류가 나더라도 하나씩 수정하면서 이해해보자. 그게 바로 '진짜 코딩'이다.

📋 정리

이 장에서는 파이썬이라는 언어가 어떤 특징을 가지고 있는지 알아보고, 파이썬을 설치하고, 간단한 출력문과 변수, 주석을 활용한 코드를 작성해보았다. 이 과정을 무사히 마쳤다면, 당신은 이미 프로그래밍의 첫 관문을 통과한 것이다.

다음 장에서는 간단한 계산기를 만들어보면서 숫자와 연산자, 사용자 입력에 대해 더 깊이 알아볼 것이다. 이제 당신의 두 번째 파이썬 여정을 함께 시작해보자!

2. 계산기 만들며 배우는 연산자

- 숫자 다루기, 산술·비교·논리 연산

파이썬이 계산도 할 수 있을까?

우리가 사용하는 컴퓨터는 원래 계산기에서 발전한 도구이다. 따라서 프로그래밍 언어로 계산을 한다는 건 가장 자연스럽고도 기본적인 활용이다. 이 장에서는 파이썬으로 간단한 계산을 해보고, 계산에 필요한 도구인 연산자(operator)에 대해 배워본다. 직접 계산기 프로그램을 만들어보며 자연스럽게 개념을 익히게 될 것이다.

1) 사칙연산부터 시작해보자

파이썬에서는 숫자를 그대로 다룰 수 있다. 복잡한 설정 없이도 덧셈, 뺄셈, 곱셈, 나눗셈을 바로 실행할 수 있다.

```
print(2 + 3)     # 덧셈
print(5 - 2)     # 뺄셈
print(4 * 3)     # 곱셈
print(8 / 2)     # 나눗셈
```

이처럼 +, -, *, / 기호는 파이썬에서 각각 사칙연산을 의미한다. 결과는 각각 5, 3, 12, 4.0이 출력된다. 주의할 점은, / 연산의 결과는 항상 실수(float)형으로 출력된다는 것이다.

💡 잠깐! 정수 나눗셈과 나머지

// 연산자는 몫을 구하고, % 연산자는 나머지를 구한다.

```
print(7 // 3)   # 결과: 2
print(7 % 3)    # 결과: 1
```

이 연산자들은 숫자 데이터를 다룰 때 매우 유용하게 쓰인다.

2) 변수와 함께 계산해보기

연산자는 변수와 함께 사용하면 더 다양하게 활용할 수 있다. 예를 들어 두 숫자를 더하는 프로그램을 만들어보자.

```
a = 10
b = 5
result = a + b
print(result)
```

a + b의 결과를 result라는 변수에 저장하고, print()로 출력하는 구조다. 프로그래밍에서 이런 식으로 변수끼리 계산하는 방식은 매우 자주 쓰인다.

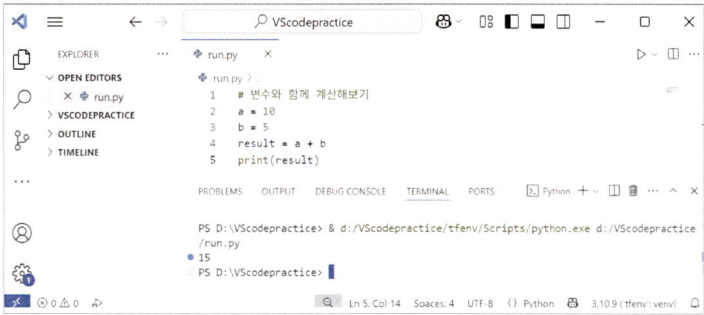

3) 사용자에게 값을 입력받아보자

지금까지는 우리가 코드를 작성하면서 직접 값을 넣었지만, 사용자에게 값을 입력받아서 계산해보면 더 흥미롭다.

```
num1 = input("첫 번째 숫자를 입력하세요: ")
num2 = input("두 번째 숫자를 입력하세요: ")
```

input() 함수는 사용자의 입력을 받아준다. 중요한 점은 input()으로 받은 값은 문자열(str)이기 때문에, 계산을 하려면 숫자형으로 바꿔야 한다.

```
num1 = int(input("첫 번째 숫자: "))
num2 = int(input("두 번째 숫자: "))
print("두 수의 합:", num1 + num2)
```

여기서 int()는 입력된 문자열을 정수로 변환해준다. 만약 실수를 입력받고 싶다면 float()를 사용하면 된다.

4) 조건문으로 계산기 완성하기

사용자에게 연산 종류를 입력받고, 그에 따라 다른 계산을 하는 프로그램을 만들어보자.

```
num1 = int(input("첫 번째 숫자: "))
num2 = int(input("두 번째 숫자: "))
operator = input("연산자를 입력하세요 (+, -, *, /): ")

if operator == "+":
    print("결과:", num1 + num2)
elif operator == "-":
    print("결과:", num1 - num2)
elif operator == "*":
    print("결과:", num1 * num2)
elif operator == "/":
    print("결과:", num1 / num2)
else:
    print("지원하지 않는 연산자입니다.")
```

이 코드는 조건문(if)을 활용해 사용자가 어떤 연산자를 입력했는지 판단하고, 해당하는 계산을 실행한다. 이제 여러분은 아주 기본적인 계산기를 하나 완성한 셈이다!

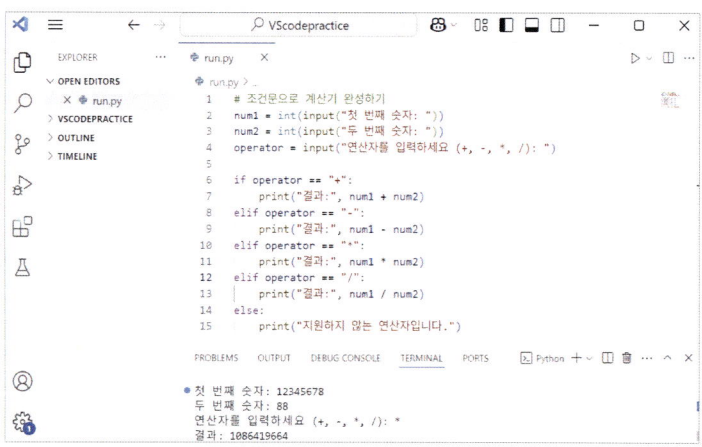

🎯 실습 미션: 나만의 계산기 만들기

1) 사용자로부터 두 숫자와 연산자를 입력받는 프로그램을 만들기

+, -, *, /, %, // 연산을 모두 지원해보자.

2) 0으로 나눌 때 오류가 발생하지 않도록 조건문 넣기

- 힌트

```
if num2 == 0:
    print("0으로 나눌 수 없습니다.")
else:
    print(num1 / num2)
```

📂 확장 예제: 마우스로 눌러서 계산하는 시각적 계산기 만들기

지금까지는 텍스트 기반의 계산기 프로그램을 만들었다. 이번에는 파이썬의 내장 GUI 라이브러리인 tkinter를 사용해서, 실제 버튼을 클릭하면서 작동하는 시각적 계산기(GUI 계산기)를 만들어보자. 이 계산기는 마우스로 숫자와 연산자를 누르고, 결과를 화면에서 바로 확인할 수 있다.

```
import tkinter as tk

def button_click(value):
    current = entry.get()
    entry.delete(0, tk.END)
    entry.insert(0, current + value)
```

```python
def calculate():
    try:
        result = str(eval(entry.get()))
        entry.delete(0, tk.END)
        entry.insert(0, result)
    except:
        entry.delete(0, tk.END)
        entry.insert(0, "오류")

def clear():
    entry.delete(0, tk.END)

root = tk.Tk()
root.title("파이썬 계산기")

entry = tk.Entry(root, width=25, font=('Arial', 16), borderwidth=5, relief="ridge", justify='right')
entry.grid(row=0, column=0, columnspan=4, pady=10)

buttons = [
    ['7', '8', '9', '/'],
    ['4', '5', '6', '*'],
    ['1', '2', '3', '-'],
    ['0', '.', '=', '+']
]

for i, row in enumerate(buttons):
    for j, char in enumerate(row):
        if char == '=':
            btn = tk.Button(root, text=char, padx=20, pady=20, font=('Arial', 14), command=calculate)
        else:
            btn = tk.Button(root, text=char, padx=20, pady=20, font=('Arial', 14), command=lambda ch=char: button_click(ch))
        btn.grid(row=i+1, column=j)

clear_button = tk.Button(root, text='C', padx=20, pady=20, font=('Arial', 14), command=clear)
clear_button.grid(row=5, column=0, columnspan=4, sticky="we")

root.mainloop()
```

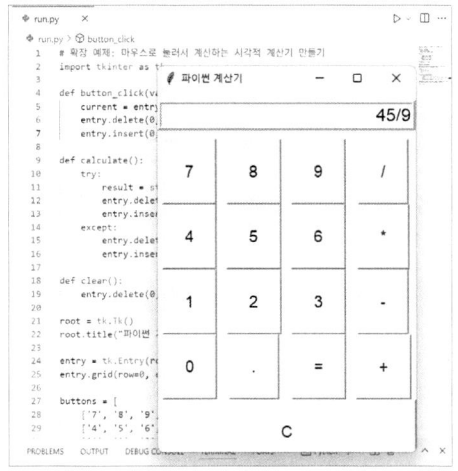

- tkinter는 파이썬에 기본 포함된 GUI 도구다.
- Button, Entry, grid() 함수 등을 활용해 간단한 앱 인터페이스를 구성할 수 있다.
- eval() 함수를 이용해 문자열 수식을 실제 계산한다.

💡 더 발전시키려면?

연산 결과 이력(history) 저장 기능 추가

키보드 입력과 마우스 입력을 함께 처리

배경 색상 바꾸기, 다크 모드 적용 등 인터페이스 꾸미기

이제 단순한 코드 실행을 넘어서 나만의 간단한 앱까지 만들 수 있게 되었다. GUI 계산기를 실행해보고, 직접 버튼을 눌러보며 코드의 동작을 눈으로 확인해보자. 프로그래밍이 한층 더 재미있어질 것이다.

📋 정리

이번 장에서는 파이썬의 기본 연산자인 +, -, *, /, //, %의 사용법을 익히고, 이를 활용해 계산기 프로그램을 만들어보았다. 또한 input()과 int()를 이용해 사용자 입력을 받아 처리하는 방법, 그리고 if 조건문으로 다양한 상황에 맞춰 작동하는 코드를 작성해보았다.

이제 여러분은 단순한 계산을 넘어서 '입력 → 처리 → 출력'의 흐름을 경험한 셈이다. 다음 장에서는 프로그램의 반복 실행을 가능하게 해주는 반복문에 대해 배워보자!

3. 조건문과 반복문으로 흐름 제어하기

- if, while, for의 기본 활용

프로그램의 흐름을 제어하는 두 가지 열쇠

복잡한 프로그램을 만들기 위해선 단순히 명령을 나열하는 것만으로는 부족하다. 상황에 따라 실행 경로를 달리하고, 반복적인 작업은 자동으로 처리할 수 있어야 한다. 이것이 바로 조건문과 반복문이 필요한 이유다.

조건문은 프로그램이 '판단'을 할 수 있게 해주고, 반복문은 동일한 작업을 여러 번 수행할 수 있도록 돕는다. 이 장에서는 두 구조를 배워 실제 상황에 맞는 프로그램을 작성할 수 있는 능력을 기른다. 실생활에서 마주치는 익숙한 사례를 통해 조건문과 반복문의 개념을 자연스럽게 익히고, 이를 바탕으로 인공지능이 작동하는 원리까지 파악할 수 있는 프로그래밍 사고력을 키워보자.

조건문으로 상황 판단하는 프로그램 만들기

1) 프로그램이 스스로 판단할 수 있다면?

우리가 일상에서 내리는 수많은 결정들, 예를 들어 '우산을 챙길까?', '지하철을 탈까, 버스를 탈까?' 등은 조건에 따라 행동을 달리하는 대표적인 예다. 조건에 따른 이러한 분기는 프로그래밍에서도 매우 중요하다. 이번 장에서는 프로그램이 '상황에 따라 다르게 행동'할 수 있도록 해주는 조건문을 배운다. 파이썬의 조건문은 if, elif, else라는 키워드로 구성되며,

다양한 조건을 논리적으로 판단하여 프로그램의 흐름을 제어할 수 있다.

① if 문의 기본 구조

조건문은 특정 조건이 참(True)이면 어떤 코드를 실행하도록 만든다.

```
score = 85
if score >= 80:
    print("합격입니다!")
```

이 코드에서는 score가 80 이상이면 '합격입니다!'가 출력된다. 조건이 거짓이라면 아무 일도 일어나지 않는다.

② if-else 문: 그렇지 않을 경우 처리하기

```
score = int(input("점수를 입력하세요: "))
if score >= 80:
    print("합격입니다!")
else:
    print("불합격입니다.")
```

else는 앞의 조건이 거짓일 때 실행되는 블록이다. 조건이 맞으면 if 쪽이, 아니면 else 쪽이 실행된다.

③ if-elif-else: 다양한 조건 분기

```python
score = int(input("점수를 입력하세요: "))
if score >= 90:
    print("A 학점")
elif score >= 80:
    print("B 학점")
elif score >= 70:
    print("C 학점")
else:
    print("F 학점")
```

조건을 여러 단계로 나누고 싶을 때 elif를 사용한다. 이 구조는 실제 시험 점수, 날씨, 요금 계산 등 다양한 상황에서 매우 유용하다.

2) 조건의 비교와 논리 연산자

① 비교 연산자

기호	의미	예시
==	같다	x == 10
!=	같지 않다	x != 10
>	크다	x > 5
<	작다	x < 5
>=	크거나 같다	x >= 3
<=	작거나 같다	x <= 7

② 논리 연산자

연산자	의미	예시
and	그리고	x > 0 and x < 10
or	또는	x < 0 or x > 100
not	~이 아니다	not (x > 10)

3) 실생활 기반 예제 1: 우산 챙기기

```
is_raining = input("비가 오나요? (yes/no): ")
if is_raining == "yes":
    print("우산을 챙기세요!")
else:
    print("우산은 필요 없어요.")
```

초보자들이 직관적으로 이해할 수 있는 현실 상황을 코드로 구현한 예제다. 입력값을 조건으로 판단하고, 상황에 따라 다른 출력을 하도록 구성했다.

4) 실생활 기반 예제 2: 교통비 계산기

```
age = int(input("나이를 입력하세요: "))
if age & 8:
    print("유아 - 무료입니다")
elif age & 19:
    print("청소년 - 요금은 800원입니다")
elif age & 65:
    print("성인 - 요금은 1200원입니다")
else:
    print("경로 - 요금은 무료입니다")
```

나이에 따라 지하철 요금이 다르게 계산되는 실제 사례를 조건문으로 구성한 것이다. 이처럼 실생활의 의사결정 구조는 대부분 조건문으로 흉내 낼 수 있다.

🎯 실습 미션

- 입력받은 숫자가 양수인지, 음수인지, 0인지 판단하는 프로그램을 작성해보자.
- 사용자의 입력으로 오전 혹은 오후를 구분해 인사말을 출력하는 코드를 작성해보자.
- 온도를 입력받아 냉방이 필요한지, 난방이 필요한지, 적절한 온도인지 판단하는 프로그램을 만들어 보자.

📁 확장 예제: AI 스타일 자동 분류기 흉내 내기

다음 코드는 키워드 입력에 따라 문장을 분류하는 간단한 조건문 기반 분류기다. 실제 인공지능의 텍스트 분류 기능을 흉내 내볼 수 있다.

```
text = input("문장을 입력하세요: ")
if "날씨" in text:
    print("[분류: 기상 정보]")
elif "주식" in text:
    print("[분류: 금융 정보]")
elif "여행" in text:
    print("[분류: 관광 정보]")
else:
    print("[분류: 일반]")
```

이 코드는 매우 간단한 형태지만, 향후 자연어 처리(NLP)나 텍스트 기반 AI 분류기를 이해하는 데 초석이 되는 개념이다.

하지만 이런 한계도 있다. 현재 이 코드는 if, elif, else 구조로 되어 있어서 하나의 조건이 만족되면 이후 조건은 더 이상 확인하지 않는다.

예를 들어, 다음 문장을 입력해보자.

요즘 날씨가 너무 좋아서 여행을 떠나고 싶은데, 주식이 많이 떨어져서 여행경비를 마련하기가 힘들겠어.

이 문장에는 '날씨', '여행', '주식'이라는 세 가지 키워드가 모두 들어 있음에도 불구하고, 가장 먼저 조건을 만족한 '날씨'만 분류된다.

📂 보완된 확장 예제: 다중 키워드 분류

이 문제를 해결하기 위해서는 조건이 여러 개 만족될 경우 모두 분류에 포함되도록 코드를 수정해야 한다. 다음은 이를 개선한 코드다.

```python
text = input("문장을 입력하세요: ")
categories = []
if "날씨" in text:
    categories.append("기상 정보")
if "주식" in text:
    categories.append("금융 정보")
if "여행" in text:
    categories.append("관광 정보")
if categories:
    print("[분류:", ", ".join(categories), "]")
else:
    print("[분류: 일반]")
```

이제 동일한 문장을 입력하면 다음과 같이 출력된다.

[분류: 기상 정보, 금융 정보, 관광 정보]

이처럼 조건문은 구성 방식에 따라 분류의 정확성이나 유연성에 큰 차이를 만들 수 있다. 실제로 이러한 방식은 머신러닝의 멀티 라벨 분류(Multi-label classification) 개념과도 유사하며, 하나의 입력이 여러 범주에 동시에 속할 수 있음을 반영한다. 작은 개선이지만, 프로그래밍적으로 사고하고 논리 구조를 설계하는 데 있어 중요한 연습이 된다.

정리

지금까지 if, elif, else를 활용해 조건에 따라 프로그램의 흐름을 제어하는 방법을 배웠다. 다양한 비교 연산자와 논리 연산자를 통해 더 복잡한 판단 구조도 만들 수 있다는 것을 확인했다. 또한 실생활 사례와 연결된 예제를 통해 조건문이 단순한 개념 이상으로 활용 가능하다는 것도 체감했을 것이다.

조건문은 향후 데이터를 분류하거나, 상황에 따라 AI가 다르게 반응하게 만드는 데 있어 가장 기초가 되는 도구다.

반복문으로 자동화의 즐거움을 맛보다: 왜 반복문이 필요할까?

프로그래밍을 하다 보면 똑같은 작업을 여러 번 반복해야 하는 상황이 자주 생긴다. 예를 들어 숫자 1부터 10까지 차례대로 출력하고 싶거나, 리스트 안의 모든 항목을 하나씩 출력하고 싶을 때 말이다. 이런 경우, 같은 코드를 여러 번 복사해서 붙여넣는 대신 반복문(loop)을 사용하면 간결하고 효율적으로 프로그램을 만들 수 있다.

반복문은 파이썬에서 매우 중요한 개념이다. 실제로 인공지능 모델을 학습할 때도 반복문은 필수적으로 사용된다. 이번 장에서는 for 반복문과 while 반복문을 배우고, 반복의 흐름을 제어하는 방법도 함께 익힌다.

1) for 반복문: 정해진 횟수만큼 반복하기

for 문은 특정 범위나 리스트에 있는 값을 차례대로 꺼내서 반복 작업을 수행할 때 사용된다.

```
for i in range(5):
    print("안녕!")
```

이 코드는 '안녕!'이라는 문장을 5번 출력한다. range(5)는 0부터 시작해서 5보다 작은 숫자(0, 1, 2, 3, 4)를 생성하는 함수다. 변수 i는 각 반복에서 해당 숫자를 하나씩 받아 저장한다.

① 숫자 출력 예제

```
for i in range(1, 6):
    print(i)
```

이 코드는 1부터 5까지 숫자를 출력한다. range(시작, 끝) 형태로 사용할 수 있다(끝 숫자는 포함되지 않는다).

② 리스트 반복 예제

```
fruits = ["사과", "바나나", "포도"]
for fruit in fruits:
    print(fruit)
```

리스트에 있는 항목들을 하나씩 꺼내서 fruit이라는 변수에 넣고, 그 값을 출력한다. for 문은 이런 식으로 데이터 처리에 매우 유용하다.

```
run.py
run.py > ...
  1  # for 반복문: 정해진 횟수만큼 반복하기
  2  # 숫자 출력 예제
  3  for i in range(1, 6):
  4      print(i)
  5
  6  # 리스트 반복 예제
  7  fruits = ["사과", "바나나", "포도"]
  8  for fruit in fruits:
  9      print(fruit)

PROBLEMS    OUTPUT    DEBUG CONSOLE    TERMINAL    PORTS

1
2
3
4
5
사과
바나나
포도
```

2) while 반복문: 조건이 참인 동안 계속 반복

while 문은 조건이 참(True)인 동안 계속 반복한다. 반복 횟수가 정해지지 않았거나, 특정 조건이 만족될 때까지 반복해야 할 때 사용된다.

```
count = 1
while count <= 5:
    print(count)
    count += 1
```

이 코드는 count가 5 이하일 때까지 숫자를 출력하며, 반복할 때마다 1씩 증가시킨다. 주의할 점은, while 문을 사용할 때 조건을 만족하지 못하게 만들지 않으면 무한 반복이 일어날 수 있다는 것이다.

```
run.py
run.py > ...
  1  # while 반복문: 조건이 참인 동안 계속 반복
  2  count = 1
  3  while count <= 5:
  4      print(count)
  5      count += 1

PROBLEMS    OUTPUT    DEBUG CONSOLE    TERMINAL    PORTS

1
2
3
4
5
```

3) 반복 제어: break와 continue

반복문 안에서 흐름을 제어하고 싶을 때는 break와 continue를 사용할 수 있다.

- break: 반복문을 즉시 종료한다.
- continue: 현재 반복을 건너뛰고 다음 반복으로 이동한다.

```
for i in range(1, 10):
    if i == 5:
        break
    print(i)
```

앞의 코드는 1부터 시작하여 4까지 출력하고, i가 5가 되는 순간 반복을 멈춘다.

```
for i in range(1, 6):
    if i == 3:
        continue
    print(i)
```

```
for i in range(1, 6):
    if i == 3:
        continue
    print(i)
```

이 코드는 1, 2, 4, 5를 출력한다. i가 3일 때는 출력을 건너뛴다.

🎯 중첩 반복문과 실습 예제: 구구단 출력기

반복문 안에 또 다른 반복문을 넣을 수도 있다. 이를 중첩 반복문(nested loop)이라고 한다. 가장 대표적인 예가 구구단이다.

```
for i in range(2, 10):
    for j in range(1, 10):
        print(f"{i} x {j} = {i*j}")
    print("----------")
```

이 코드는 2단부터 9단까지의 구구단을 출력한다. 바깥 반복문은 단(dan)을, 안쪽 반복문은 곱하는 수를 담당한다.

```
# 중첩 반복문과 실습 예제: 구구단 출력기
for i in range(2,10, 4):    # 4개단씩 묶기: 2~5, 6~9
    for j in range(1, 10):
        for dan in range(i, min(i+4, 10)):
            print(f"{dan} x {j} = {dan*j:2d}", end='  ')
        print()
    print()    # 각 묶음 사이 공백
```

```
2 x 1 =  2    3 x 1 =  3    4 x 1 =  4    5 x 1 =  5
2 x 2 =  4    3 x 2 =  6    4 x 2 =  8    5 x 2 = 10
2 x 3 =  6    3 x 3 =  9    4 x 3 = 12    5 x 3 = 15
2 x 4 =  8    3 x 4 = 12    4 x 4 = 16    5 x 4 = 20
2 x 5 = 10    3 x 5 = 15    4 x 5 = 20    5 x 5 = 25
2 x 6 = 12    3 x 6 = 18    4 x 6 = 24    5 x 6 = 30
2 x 7 = 14    3 x 7 = 21    4 x 7 = 28    5 x 7 = 35
2 x 8 = 16    3 x 8 = 24    4 x 8 = 32    5 x 8 = 40
2 x 9 = 18    3 x 9 = 27    4 x 9 = 36    5 x 9 = 45

6 x 1 =  6    7 x 1 =  7    8 x 1 =  8    9 x 1 =  9
6 x 2 = 12    7 x 2 = 14    8 x 2 = 16    9 x 2 = 18
6 x 3 = 18    7 x 3 = 21    8 x 3 = 24    9 x 3 = 27
6 x 4 = 24    7 x 4 = 28    8 x 4 = 32    9 x 4 = 36
6 x 5 = 30    7 x 5 = 35    8 x 5 = 40    9 x 5 = 45
6 x 6 = 36    7 x 6 = 42    8 x 6 = 48    9 x 6 = 54
6 x 7 = 42    7 x 7 = 49    8 x 7 = 56    9 x 7 = 63
6 x 8 = 48    7 x 8 = 56    8 x 8 = 64    9 x 8 = 72
6 x 9 = 54    7 x 9 = 63    8 x 9 = 72    9 x 9 = 81
```

출력 배열을 4개 단씩 묶어 2줄로 표현하기 위한 구구단 변형 예제

🎯 실습 미션: 나만의 반복문 프로그램

- 1부터 100까지의 숫자 중에서 3의 배수만 출력하는 프로그램을 만들어보자.
- 사용자가 숫자 0을 입력할 때까지 숫자를 계속 입력받는 프로그램을 만들어보자.
- 구구단을 출력하는 프로그램에서 짝수 단만 출력하도록 수정해보자.

📁 확장 예제: 반복문으로 흉내 내보는 인공지능 학습 과정

반복문은 인공지능에서도 핵심적인 역할을 한다. 예를 들어 머신러닝 모델은 데이터를 반복적으로 읽고, 예측하고, 오차를 줄여가며 스스로 성능을 향상시킨다. 이 과정을 아주 단순화해서 반복문으로 흉내 내보자.

다음은 어떤 숫자가 주어졌을 때, 목표 값에 가까워지도록 계속 조정하는 과정이다. 마치 AI 모델이 정답에 가까워지기 위해 학습하는 과정처럼 작동한다.

```python
# 목표 숫자와 시작값 설정
target = 100
current = 0
learning_rate = 10

for step in range(1, 11):   # 10번 학습한다고 가정
    error = target - current
    current += error * (learning_rate / 100)
    print(f"{step}회 학습 후 예측값: {current:.2f}")
```

- current는 현재 예측값이다.
- error는 실제값과의 차이이며, 이를 줄여가는 방식으로 current를 업데이트한다.
- learning_rate는 얼마나 빠르게 따라갈지를 조절하는 값이다.

💡 결과 예시

1회 학습 후 예측값: 10.00

2회 학습 후 예측값: 19.00

...

10회 학습 후 예측값: 65.13

반복할수록 current는 목표 값인 100에 점점 가까워진다. 실제 딥러닝에서는 이 과정을 수천, 수만 번 반복하며 모델이 학습된다.

이 간단한 예제를 통해, 반복문이 단순한 출력 이상의 역할을 한다는 것을 느낄 수 있을 것이다. AI는 반복의 과학이다!

📋 정리

여기서는 for 문과 while 문을 이용해 반복 작업을 효율적으로 수행하는 방법을 배웠다. 또한 반복문의 흐름을 제어할 수 있는 break와 continue, 그리고 중첩 반복문을 이용한 구구단 예제를 통해 반복문의 응용력을 키웠다.

반복문은 이후에 배우게 될 데이터 처리, 이미지 반복 분석, AI 모델 학습 등 다양한 분야에서 핵심적인 역할을 하게 된다. 그러니 지금 이 기초를 확실히 다져두자!

4. 리스트와 딕셔너리로 정보 저장하기

- 데이터 구조로 정보 저장

데이터를 기억하는 방식: 구조가 중요하다

우리가 무언가를 기억하고 정리할 때는 단순히 나열하는 것보다 구조화된 방식이 훨씬 효율적이다. 친구 이름을 가나다순으로 정리한다든가, 그룹별로 전화번호를 따로 묶어둔다든가 하는 일은 모두 정보를 효과적으로 저장하고 접근하기 위한 구조화의 일종이다.

컴퓨터 역시 마찬가지다. 데이터를 저장하고 처리하기 위해서는 적절한 데이터 구조(data structure)가 필요하다. 파이썬에서는 그중에서도 가장 기본적이고 강력한 구조인 리스트(list)와 딕셔너리(dictionary)를 제공한다.

이 장에서는 리스트와 딕셔너리를 통해 어떻게 정보를 저장하고, 꺼내고, 가공할 수 있는지를 배운다. 이 두 가지 구조는 이후 인공지능, 데이터 분석, 웹 크롤링, 사용자 정보 처리 등 거의 모든 분야에서 핵심적으로 활용된다. 따라서 여기서 탄탄히 기초를 다져두는 것이 중요하다.

리스트: 순서가 있는 정보의 모음

1) 리스트란 무엇인가?

리스트는 여러 개의 데이터를 순서대로 저장할 수 있는 그릇이다. 현실에서의 '쇼핑 목록',

'학생 명단', '할 일 목록' 등이 리스트의 좋은 예다. 파이썬에서 리스트는 대괄호 [] 안에 데이터를 쉼표로 구분하여 나열한다.

예를 들어, 학생 네 명의 시험 점수를 저장하고 처리하는 리스트를 만들어보자.

```
scores = [85, 90, 78, 92]
print("원본 점수:", scores)
```

이 리스트는 4개의 정수 값을 포함하고 있으며, 인덱스를 사용해 각각의 값에 접근할 수 있다.

```
print("첫 번째 학생 점수:", scores[0]) # 출력 85
```

인덱스는 항상 0부터 시작한다는 점을 기억하자.

2) 리스트에 값을 추가하거나 삭제하기

리스트는 내용이 고정되어 있지 않고, 언제든 데이터를 추가하거나 제거할 수 있다.

```
scores.append(88)   # 점수 추가
print("점수 추가 후:", scores)  # [85, 90, 78, 92, 88]
scores.remove(78)   # 특정 점수 삭제
print("점수 삭제 후:", scores)  # [85, 90, 92, 88]
```

이처럼 리스트는 동적으로 변화하는 정보를 담기에 적합하다.

3) 반복문과 리스트

리스트는 반복문과 매우 잘 어울린다. 리스트 안의 항목을 하나씩 꺼내서 처리할 수 있기 때문이다.

```
scores = [85, 90, 78, 92]
for score in scores:
    print("점수:", score)
```

점수를 모두 더해서 평균을 구할 수도 있다.

```
total = 0
for score in scores:
    total += score
average = total / len(scores)
print("평균:", average)
```

```
# 리스트 예제 통합
# 리스트란 무엇인가?
scores = [85, 90, 78, 92]
print("원본 점수:", scores)
print("첫 번째 학생 점수:", scores[0])

# 리스트에 값을 추가하거나 삭제하기
# 점수 추가
add_score = input("추가할 점수가 있나요? (숫자를 입력하거나 Enter를 누르세요): ")
if add_score:
    scores.append(int(add_score))
    print("점수 추가 후:", scores)
# 점수 제거
remove_score = input("제거할 점수가 있나요? (숫자를 입력하거나 Enter를 누르세요): ")
if remove_score:
    score_to_remove = int(remove_score)
    if score_to_remove in scores:
        scores.remove(score_to_remove)
        print("점수 제거 후:", scores)
    else:
        print("해당 점수는 리스트에 없습니다.")

# 모두 더해서 평균 구하기
total = 0
for score in scores:
    print("개별 점수:", score)
    total += score

average = total / len(scores)
print("평균 점수:", average)
```

```
원본 점수: [85, 90, 78, 92]
첫 번째 학생 점수: 85
추가할 점수가 있나요? (숫자를 입력하거나 Enter를 누르세요): 88
점수 추가 후: [85, 90, 78, 92, 88]
제거할 점수가 있나요? (숫자를 입력하거나 Enter를 누르세요): 78
점수 제거 후: [85, 90, 92, 88]
개별 점수: 85
개별 점수: 90
개별 점수: 92
개별 점수: 88
평균 점수: 88.75
```

🎯 리스트 실습 예제

- 학생 이름 5명을 리스트에 저장하고, 하나씩 출력해보자.
- 숫자 리스트에서 최댓값과 최솟값을 찾아보자.
- 리스트의 모든 숫자에 10을 더한 새 리스트를 만들어보자.

📂 확장 예제: 리스트로 간단한 챗봇 만들기

리스트를 이용하면 간단한 질문·응답형 챗봇도 만들 수 있다.

```python
questions = ["이름이 뭐야?", "몇 살이야?", "무엇을 좋아해?"]
answers = ["저는 파이썬이에요.", "몇 살로 보여요?.", "코딩을 좋아해요!"]
ask = input("질문을 입력하세요: ")
if ask in questions:
    index = questions.index(ask)
    print(answers[index])
else:
    print("그건 잘 모르겠어요.")
```

이처럼 리스트는 단순한 데이터 저장을 넘어서, 구조화된 질의응답 시스템의 토대가 될 수 있다. 향후 자연어 처리 모델을 설계할 때도 이와 유사한 구조가 사용된다.

딕셔너리: 키와 값으로 정보를 저장하는 지도

1) 딕셔너리는 무엇인가?

딕셔너리는 '이름: 점수'처럼 각 데이터에 의미 있는 이름(키)을 붙여 저장하는 방식으로, 각각의 데이터를 키(key)와 값(value)의 쌍으로 저장하는 구조이며 리스트보다 더 명확한 정보 구조가 필요할 때 유용하다. 현실에서 사람의 이름과 전화번호를 짝지어 관리하는 전화번호부, 학생의 이름과 점수를 기록하는 성적표 등이 딕셔너리의 대표적인 예다.

파이썬에서 딕셔너리는 중괄호 {}를 사용하며, 각 항목은 '키: 값' 형태로 표현된다.

```
scores = {"철수": 85, "영희": 90, "민수": 78}
print(scores)
```

2) 값에 접근하고 수정하기

딕셔너리에서 특정 키에 해당하는 값을 얻거나 변경하려면 다음과 같이 작성한다.

```
print("영희의 점수:", scores["영희"])

scores["영희"] = 95
print("점수 수정 후:", scores)
```

3) 새로운 항목 추가 및 삭제하기

딕셔너리에 항목을 추가하거나 삭제하는 것도 간단하다.

```
scores["지민"] = 88    # 새 항목 추가
print(scores)
del scores["철수"]     # 항목 삭제
print(scores)
```

4) 반복문과 딕셔너리

딕셔너리의 키와 값을 반복문으로 하나씩 꺼내보자.

```
for name in scores:
    print(f"{name}의 점수는 {scores[name]}점입니다.")
```

혹은 다음과 같이 .items() 메서드를 활용할 수도 있다.

```
for name, score in scores.items():
    print(f"{name}의 점수는 {score}점입니다.")
```

🎯 실습: 딕셔너리를 활용한 성적 처리 프로그램

사용자 입력을 받아 딕셔너리를 구성하고, 평균을 구해보자.

```
scores = {}

for i in range(3):
    name = input(f"학생 {i+1}의 이름: ")
    score = int(input(f"{name}의 점수: "))
    scores[name] = score

print("
[입력된 성적표]")
for name, score in scores.items():
    print(f"{name}: {score}점")

average = sum(scores.values()) / len(scores)
print("
평균 점수:", average)
```

📂 확장 예제: 키워드 응답 딕셔너리로 만드는 스마트한 챗봇

딕셔너리는 질문에 대한 답을 연결시켜 빠르게 검색하는 데 유리하다. 다음은 질문·응답 쌍을 딕셔너리로 구성한 예제다.

```
chat = {
    "이름이 뭐야?": "저는 딕셔너리 챗봇이에요.",
    "몇 살이야?": "만든 지 1시간밖에 안 됐어요!",
    "무엇을 좋아해?": "파이썬과 대화를 좋아해요."
}

question = input("질문을 입력하세요: ")
```

```
if question in chat:
    print(chat[question])
else:
    print("그건 잘 모르겠어요.")
```

```
# 키워드 응답 딕셔너리로 만드는 스마트한 챗봇
chat = {
    "이름이 뭐야?": "저는 딕셔너리 챗봇이에요.",
    "몇 살이야?": "만든 지 1시간밖에 안 됐어요!",
    "무엇을 좋아해?": "파이썬과 대화를 좋아해요."
}

question = input("질문을 입력하세요: ")

if question in chat:
    print(chat[question])
else:
    print("그건 잘 모르겠어요.")
```

```
PS D:\VScodepractice> & d:/VScodepractice/tfenv/Scripts/python.exe d:/VScodepractice/run.py
질문을 입력하세요: 이름이 뭐야?
저는 딕셔너리 챗봇이에요.
```

이 예제는 간단하지만, 질문이 정확히 일치해야 답변할 수 있다는 한계가 있다. 예를 들어 '이름이 뭐고, 몇 살이야?'처럼 두 질문이 합쳐진 경우에는 대응하지 못한다.

이를 개선하기 위해 여러 키워드가 포함되어도 각각의 응답을 모두 출력하는 방식으로 보완할 수 있다.

📁 개선 예제: 키워드 포함 여부에 따른 다중 응답 챗봇

딕셔너리에서 키를 리스트로 구성하는 문법은 파이썬에서 허용되지 않는다. 대신 질문 키워드를 별도의 리스트로 묶고, 답변을 딕셔너리로 연결하는 방식으로 개선할 수 있다.

```
chat = {
    "저는 딕셔너리 챗봇이에요.": ["이름", "누구"],
    "만든 지 1시간밖에 안 됐어요!": ["나이", "몇 살"],
    "파이썬과 대화를 좋아해요.": ["좋아", "취미"]
}
```

```
question = input("질문을 입력하세요: ")
responded = False

for answer, keywords in chat.items():
    if any(keyword in question for keyword in keywords):
        print(answer)
        responded = True

if not responded:
    print("그건 잘 모르겠어요.")
```

이 챗봇은 사용자의 질문에 포함된 키워드가 응답 키워드 리스트 안에 있는지만 확인하면 되므로 구조도 단순하고 유지보수도 편하다.

💡 예시 입력

질문 입력

→ '이름이 뭐고, 몇 살이야?'

출력

→ '저는 딕셔너리 챗봇이에요.'

→ '만든 지 1시간밖에 안 됐어요!'

딕셔너리는 특히 구조화된 지식 기반을 구축할 때 매우 효과적이며, AI 챗봇이나 검색 시스템의 기초로 활용된다.

다음 장에서는 지금까지 배운 다양한 코드를 하나의 이름으로 묶어 재사용할 수 있는 함수(function) 개념을 배운다. 함수는 코드의 중복을 줄이고, 유지보수를 쉽게 만드는 프로그래밍의 핵심 개념이다.

5. 함수로 코드 묶기와 재사용하기

- 함수의 기초, 입력값과 반환값

코드를 정리하고 반복을 줄이는 힘: 함수

프로그래밍을 하다 보면 비슷한 코드가 반복되거나, 구조가 복잡해져서 읽고 관리하기 어려운 경우가 자주 발생한다. 같은 코드를 여러 번 복사해 쓰는 것은 비효율적일 뿐 아니라, 나중에 수정이 필요할 때마다 모든 곳을 일일이 찾아 고쳐야 하는 불편함도 따른다. 이럴 때 가장 강력한 도구가 바로 함수(function)이다.

함수는 어떤 작업을 수행하는 코드 블록에 이름을 붙여서, 필요할 때마다 호출해 쓸 수 있도록 만든 구조다. 자주 쓰이는 로직을 하나의 이름으로 정리해두고, 필요할 때 그 이름만 호출하면 된다. 프로그래밍에서 함수는 블록처럼 재사용 가능한 조각이며, 코드의 중복을 줄이고 유지보수를 간편하게 만들어준다.

우리는 이미 print(), input(), len() 같은 내장 함수들을 자연스럽게 사용해왔다. 이번 장에서는 그런 함수를 직접 정의하고, 실생활의 흥미로운 사례를 함수로 표현해보며, 함수가 왜 중요한지를 체감해보자.

나만의 함수 만들기

1) 함수란 무엇인가?

함수는 한마디로, 이름이 붙은 작업 묶음이다. 어떤 동작을 코드로 표현했을 때, 그 코드를 나중에도 반복해서 쓰고 싶다면 함수로 만들어두면 된다. 이렇게 하면 같은 동작을 여러 번 써야 할 때, 이름만 호출해서 쉽게 실행할 수 있다.

함수의 기본 구조는 다음과 같다.

```
def 함수 이름():
    실행할 코드
```

예를 들어, 인사말을 출력하는 함수를 만들어보자.

```
def say_hello():
    print("안녕하세요! 만나서 반가워요.")
say_hello()
```

2) 함수의 진짜 힘을 느껴보자: 반복 코드 vs 함수 구조 비교

① 반복 코드(비효율적인 방법)

```
print("🔔 알림 도착: 친구에게 메시지가 왔어요.")
print("🔔 알림 도착: 회의가 곧 시작돼요.")
print("🔔 알림 도착: 배터리가 20% 남았어요.")
```

② 함수를 이용한 코드(깔끔한 방법)

```
def notify(message):
    print(f"🔔 알림 도착: {message}")

notify("친구에게 메시지가 왔어요.")
notify("회의가 곧 시작돼요.")
notify("배터리가 20% 남았어요.")
```

함수를 쓰면 코드가 짧아지고, 유지보수가 쉬워진다.

3) 실생활 예제: 오늘의 기분 점수 알려주기

단순 계산도 함수로 묶으면 코드가 훨씬 읽기 쉽고 수정도 편하다.

```python
def mood_check(score):
    if score >= 8:
        return "기분이 아주 좋아 보이네요! 즐거운 하루 되세요."
    elif score >= 5:
        return "그럭저럭 괜찮은 하루군요. 힘내세요."
    else:
        return "조금 우울하신가요? 따뜻한 차 한잔 어때요?"

user_score = int(input("오늘 기분 점수는? (0~10): "))
print(mood_check(user_score))
```

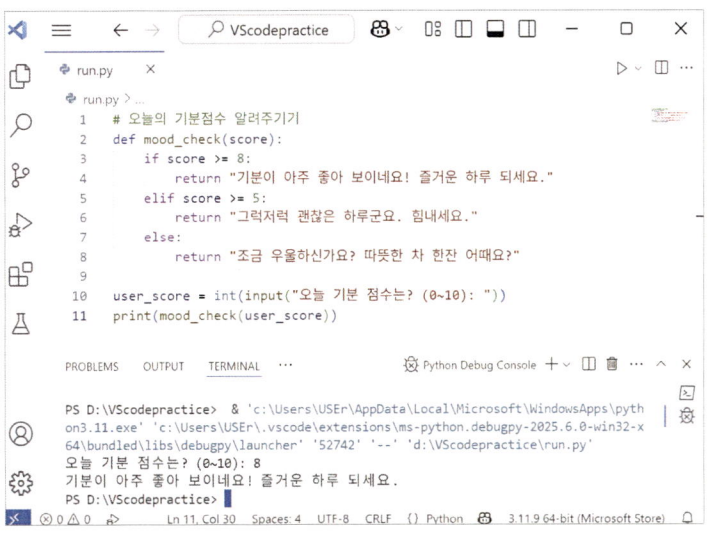

간단한 감정 반응 챗봇 같은 느낌을 줄 수 있다.

4) 반복을 줄이는 함수: 소셜미디어 해시태그 생성기

간단한 반복 작업을 함수로 깔끔하게 처리할 수 있다.

```python
def make_hashtags(word_list):
    hashtags = ""
    for word in word_list:
        hashtags += f"#{word} "
    return hashtags.strip()

keywords = ["여행", "바다", "사진", "여유"]
print("오늘의 해시태그:", make_hashtags(keywords))
```

5) 계산을 함수로 처리하기: 커피 리필 가격 계산기

```python
def refill_price(original_price, refill_count):
    discount_rate = 0.3   # 리필 시 30% 할인
    total = original_price
    for _ in range(refill_count):
        total += original_price * discount_rate
    return total

price = int(input("첫 잔 커피 가격은 얼마인가요? "))
count = int(input("몇 번 리필하셨나요? "))
print("총 지불 금액:", refill_price(price, count))
```

📁 확장 예제: 키오스크용 커피 주문 응답 함수

현실 대화형 프로그램처럼 사용자 입력을 받아 다양한 반응을 보여줄 수 있다.

```python
def coffee_order(menu):
    if menu == "아메리카노":
        return "진한 에스프레소에 시원한 물 한 잔 추가했어요!"
    elif menu == "라떼":
        return "부드러운 우유 거품과 함께 나갑니다 ☁"
```

```
        elif menu == "바닐라라떼":
            return "달콤한 바닐라 향으로 기분 좋은 하루 시작하세요!"
        else:
            return "죄송해요, 해당 메뉴는 준비되지 않았어요."

drink = input("무슨 커피를 주문하시겠어요? ")
print(coffee_order(drink))
```

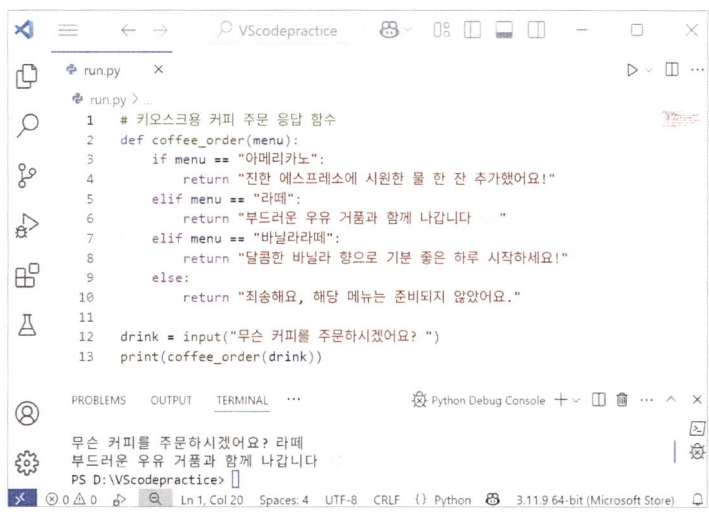

🎯 연습문제: 나만의 함수 설계해보기

사용자의 시간대에 따라 인사를 다르게 출력하는 daily_greeting(hour) 함수를 만들어보자.

- 6시~11시: "좋은 아침입니다!"
- 12시~17시: "점심 맛있게 드세요!"
- 그 외 시간: "좋은 저녁 보내세요!"

직접 다양한 입력값에 따른 출력 로직을 설계하면서 함수를 완성해보자.

📄 정리

함수는 코드를 깔끔하게 정리하고 반복을 줄이는 도구다. 단순히 코드 길이를 줄이는 것 이상의 가치가 있다.

논리적인 구조를 부여하고, 유지보수를 쉽게 하며, 프로그램을 더 복잡하고 강력하게 확장할 수 있는 기반이 된다.

다음으로는 여러 입력값을 받는 함수, 기본값 설정, 여러 결과 반환 같은 고급 기능들을 배운다. 이를 통해 더욱 유연하고 강력한 프로그램을 만들 수 있게 된다.

입력과 출력을 자유자재로: 함수의 확장 기능

1) 함수를 더 유연하게 만드는 방법

앞서 우리는 입력값이 없는 간단한 함수부터, 입력값 하나와 결과값 하나를 처리하는 기본적인 구조까지 배웠다. 하지만 현실의 문제는 그렇게 단순하지 않다. 여러 개의 값을 받아야 하고, 결과값도 하나 이상 반환해야 하며, 어떤 경우에는 기본값을 설정해서 동작을 단순화할 필요도 있다.

이 장에서는 함수의 입력과 출력을 더 자유롭고 유연하게 다루는 방법을 배우며, 실제 프로젝트에서 어떻게 함수를 설계해야 할지에 대한 감각도 함께 익혀본다.

2) 여러 개의 입력값을 받는 함수

함수는 필요에 따라 매개변수를 여러 개 받을 수 있다. 예를 들어 두 수를 더하거나, 이름과 나이를 함께 처리하는 경우가 그 예다.

```
def introduce(name, age):
    print(f"안녕하세요, 제 이름은 {name}이고, 나이는 {age}살이에요.")

introduce("홍길동", 15)
```

3) 기본값이 있는 함수

간혹 입력값이 없을 수도 있다. 그럴 땐 매개변수에 기본값(default value)을 설정해서, 입력이 없을 경우에도 함수가 동작하게 만들 수 있다.

```
def greet(name="친구"):
    print(f"{name}님, 반가워요!")

greet()              # 출력: 친구님, 반가워요!
greet("홍길동")       # 출력: 홍길동님, 반가워요!
```

4) 값을 여러 개 반환하는 함수

하나의 함수가 두 개 이상의 값을 동시에 반환할 수도 있다. 예를 들어, 총점과 평균을 동시에 계산해서 돌려주는 함수는 다음과 같다.

```
def calculate_total_and_average(scores):
    total = sum(scores)
    average = total / len(scores)
    return total, average

my_scores = [85, 90, 78, 92]
t, avg = calculate_total_and_average(my_scores)
print("총점:", t)
print("평균:", avg)
```

```python
# 값을 여러 개 반환하는 함수
def calculate_total_and_average(scores):
    total = sum(scores)
    average = total / len(scores)
    return total, average

my_scores = [85, 90, 78, 92]
t, avg = calculate_total_and_average(my_scores)
print("총점:", t)
print("평균:", avg)
```

```
총점: 345
평균: 86.25
```

return 문에서 쉼표로 나열한 값들은 튜플 형태로 반환되며, 호출한 쪽에서 변수 두 개로 나누어 받을 수 있다.

5) 실생활 예제: 스마트한 영화 추천기

아래 함수는 나이와 기분 점수를 함께 받아서, 사용자에게 맞는 영화를 추천해주는 예제다.

```python
def recommend_movie(age, mood):
    if age < 13:
        if mood >= 7:
            return "🎮 추천 영화: 슈퍼 마리오 브라더스"
        else:
            return "🎮 추천 영화: 겨울왕국"
    elif age < 20:
        if mood >= 7:
            return "🎬 추천 영화: 스파이더맨: 뉴 유니버스"
        else:
            return "🎬 추천 영화: 너의 이름은"
    else:
        if mood >= 7:
            return "🎥 추천 영화: 라라랜드"
        else:
```

```
        return "🎬 추천 영화: 인사이드 아웃"

a = int(input("당신의 나이는? "))
m = int(input("오늘 기분 점수는? (0~10): "))
print(recommend_movie(a, m))
```

```
# 스마트한 영화 추천기
def recommend_movie(age, mood):
    if age < 13:
        if mood >= 7:
            return "🍭 추천 영화: 슈퍼 마리오 브라더스"
        else:
            return "🍭 추천 영화: 겨울왕국"
    elif age < 20:
        if mood >= 7:
            return "🎬 추천 영화: 스파이더맨: 뉴 유니버스"
        else:
            return "🎬 추천 영화: 너의 이름은"
    else:
        if mood >= 7:
            return "🎬 추천 영화: 라라랜드"
        else:
            return "🎬 추천 영화: 인사이드 아웃"

a = int(input("당신의 나이는? "))
m = int(input("오늘 기분 점수는? (0~10): "))
print(recommend_movie(a, m))
```

```
당신의 나이는? 15
오늘 기분 점수는? (0~10): 8
🎬 추천 영화: 스파이더맨: 뉴 유니버스
```

이 예제는 매개변수를 복수로 받고, 조건에 따라 다양한 결과를 내놓는다. 사용자 중심 함수 설계의 좋은 예시다.

🎯 연습문제: 시간표 자동 생성기

아래 조건을 바탕으로 generate_schedule(day="월요일", subject="프로그래밍") 함수를 만들어보자.

- 입력값이 없으면 '월요일: 프로그래밍'을 출력
- 입력값을 지정하면 '화요일: 수학'같이 출력
- 문자열 반환 대신 print()로 출력해도 무방함

📋 정리

개념	설명	예시
여러 입력값	매개변수를 2개 이상 사용	introduce(name, age)
기본값	매개변수 없이도 동작	greet(name=₩"친구₩")
여러 값 반환	튜플 형태로 다중 결과 반환	return total, average

지금까지 배운 함수 기능은 모든 프로그래밍의 기반이며, 특히 AI 알고리즘 구성, 데이터 전처리, 사용자 정의 모델 설계에서도 핵심적으로 활용된다.

다음 장에서는 파일 입출력과 예외 처리를 통해, 함수와 결합하여 실생활의 복잡한 문제를 어떻게 해결할 수 있는지 이어서 살펴볼 것이다.

🛠 실습 오류 디버깅 팁

함수를 처음 만들 때 초보자가 자주 겪는 오류는 다음과 같다.

오류	원인	해결 방법
SyntaxError: invalid syntax	def 다음 콜론(:)을 빠뜨림	'def 함수 이름():'처럼 콜론 붙이기
NameError: name '함수 이름' is not defined	함수 이름을 잘못 입력했거나 호출 전에 사용함	함수 정의 후에 호출하고, 이름 철자 확인하기
TypeError: missing 1 required positional argument	함수에 필요한 입력값을 주지 않음	함수에 입력값을 반드시 전달하기
IndentationError	들여쓰기를 빼먹거나 들쭉날쭉함	함수 안 코드는 반드시 들여쓰기(공백 4칸) 맞추기

💡 팁: 에러 메시지를 무서워하지 말자! 에러가 생기면 코드의 어디가 잘못됐는지 알려주는 '힌트'다.

📋 마무리 퀴즈: 나는 얼마나 이해했을까?

Q1. 함수를 정의할 때 사용하는 키워드는 무엇인가?

(a) function

(b) def

(c) for

(d) return

Q2. 다음 중 함수의 기본 구조에 해당하지 않는 것은?

(a) 함수 이름을 정한다.

(b) 코드를 들여쓰기 없이 적는다.

(c) 입력값(매개변수)을 받을 수 있다.

(d) 결과를 반환할 수 있다.

Q3. 아래 코드의 문제점을 찾아보자.

```
def greet()
    print("Hello!")
```

💡 힌트: ( ) 괄호 뒤에 무엇을 빼먹었을까?

6. 프로젝트 1: 나만의 비밀번호 생성기

- 실전 프로젝트로 통합 연습

목표: 내가 만든 첫 번째 실용 프로그램

지금까지 우리는 파이썬의 기본 문법(변수, 연산자, 조건문, 반복문, 리스트, 함수)을 차근차근 배워왔다. 이제 이 모든 기술을 하나로 통합해서, 나만의 실용적인 프로그램을 만들어볼 차례다.

이번에 만들 프로그램은 비밀번호 생성기이다. 사용자가 원하는 기준(길이, 포함할 문자 종류 등)에 맞춰 자동으로 비밀번호를 만들어주는 프로그램을 직접 완성할 것이다.

이 프로젝트를 통해 '프로그래밍으로 무언가를 만들어낸다'라는 성취감을 제대로 느낄 수 있을 것이다.

프로젝트 개요

- 프로그램 이름: **나만의 비밀번호 생성기**
- 주요 기능
  비밀번호 길이를 입력받는다.
  사용할 문자 종류(소문자, 대문자, 숫자, 특수문자)를 선택한다.
  기준에 맞춰 랜덤한 비밀번호를 생성한다.
- 사용되는 기술
  변수
  리스트

조건문

반복문

함수

랜덤 모듈

1) 필요한 준비물

파이썬의 random 모듈을 이용해 무작위로 문자를 선택할 것이다.

```
import random
```

2) 프로그램 설계 순서

- 사용자로부터 비밀번호 길이를 입력받는다.
- 사용할 문자 종류를 선택하도록 질문한다.
- 선택한 문자들을 하나의 리스트로 모은다.
- 무작위로 문자를 골라 비밀번호를 생성한다.
- 생성된 비밀번호를 출력한다.

코드 작성하기

1) 기본 문자 집합 만들기

```
lowercase = "abcdefghijklmnopqrstuvwxyz"
uppercase = "ABCDEFGHIJKLMNOPQRSTUVWXYZ"
numbers = "0123456789"
specials = "!@#$%^&*()-_=+"
```

2) 사용자 입력 받기

```
length = int(input("비밀번호의 길이를 입력하세요: "))
use_lower = input("소문자를 사용할까요? (y/n): ") == "y"
use_upper = input("대문자를 사용할까요? (y/n): ") == "y"
use_number = input("숫자를 사용할까요? (y/n): ") == "y"
use_special = input("특수문자를 사용할까요? (y/n): ") == "y"
```

3) 사용할 문자 종류 결정하기

```
available_chars = ""

if use_lower:
    available_chars += lowercase
if use_upper:
    available_chars += uppercase
if use_number:
    available_chars += numbers
if use_special:
    available_chars += specials

if not available_chars:
    print("문자 종류를 하나 이상 선택해야 합니다. 프로그램을 종료합니다.")
    exit()
```

4) 비밀번호 생성 함수 만들기

```
def generate_password(length, chars):
    password = ""
    for _ in range(length):
        password += random.choice(chars)
    return password
```

5) 비밀번호 생성 및 출력

```
password = generate_password(length, available_chars)
print("생성된 비밀번호:", password)
```

완성된 프로그램 실행 예시

비밀번호의 길이를 입력하세요: 12
소문자를 사용할까요? (y/n): y
대문자를 사용할까요? (y/n): y
숫자를 사용할까요? (y/n): y
특수문자를 사용할까요? (y/n): n
생성된 비밀번호: aT7xP2mLq9Xb

🛠 실습 오류 디버깅 팁

오류	원인	해결 방법
TypeError: 'int' object is not iterable	반복문에서 숫자 대신 리스트를 써야 하는데 잘못 사용함	range(length)처럼 사용해야 함
IndexError: string index out of range	random.choice 사용할 때 문자열이 비어 있음	사용할 문자가 하나도 선택되지 않은 경우를 확인해야 함
SyntaxError	if 문, 함수 정의 시 콜론(:) 빠뜨림	'if 조건:def 함수():'처럼 콜론 꼭 쓰기

🎯 실습 미션: 프로그램 업그레이드 도전 과제

비밀번호에 반드시 숫자 하나, 대문자 하나, 특수문자 하나 이상이 포함되게 수정해보자.

생성한 비밀번호를 파일로 저장하는 기능을 추가해보자.

📑 정리

이제 여러분은 입력을 받고, 조건을 설정하고, 반복문을 통해 랜덤하게 비밀번호를 생성하는 완전한 프로그램을 직접 만들 수 있게 되었다.

2부

데이터와 AI의 언어

― 넘파이부터 판다스까지

AI를 하기 위해 꼭 알아야 할
수치 계산과 데이터 처리 입문

데이터 세상을 이해하는 첫걸음

프로그래밍의 세계로 조금 더 깊이 들어가다 보면, 단순한 숫자 계산을 넘어 수많은 데이터를 다루고 복잡한 구조를 깔끔하게 정리하는 능력이 필요해진다. 특히 인공지능과 데이터 분석 분야에서는 '배열', '행렬', '데이터프레임' 같은 데이터 구조를 자연스럽게 다룰 수 있어야 한다.

이제부터 우리는 수학적 데이터를 다루는 기본 능력을 기르기 위해, 넘파이(Numpy), 판다스(Pandas) 같은 강력한 도구들을 배울 것이다.

7. 넘파이(Numpy)로 수를 다루는 방법

- 벡터, 행렬, 슬라이싱

왜 Numpy가 필요한가?

파이썬에는 기본적으로 리스트라는 편리한 구조가 있다. 그런데 리스트로 숫자 계산을 하려면 직접 반복문을 돌려야 하고, 속도도 느리다.

Numpy는 이 문제를 해결하기 위해 만들어진 라이브러리다. 수백만 개의 숫자도 빠르게 처리할 수 있고, 반복문 없이도 배열 전체에 연산을 적용할 수 있다. AI, 데이터 분석, 과학 계산 등 다양한 분야에서 다루는 데이터는 결국 숫자(number)다. 이 숫자들을 효과적으로 다루려면, 단순한 리스트를 넘어 벡터(vector), 행렬(matrix)과 같이 구조화된 수치 데이터를 빠르고 정확하게 처리할 수 있어야 한다.

넘파이(Numpy)는 파이썬에서 수치 연산을 위해 가장 널리 사용되는 필수 라이브러리다. 인공지능 학습, 이미지 처리, 시뮬레이션 계산 등 숫자로 가득 찬 세계를 다루는 모든 분야에서 Numpy는 기본 도구처럼 사용된다.

학습 목표

- 넘파이 배열(Array) 기본 다루기
- 슬라이싱과 인덱싱으로 배열 조작하기
- 브로드캐스팅(Broadcasting) 이해하고 활용하기
- 간단한 파일 불러오기·저장과 전처리 실습하기

Numpy 설치하기

Numpy는 외부 라이브러리이기 때문에 설치가 필요하다.
터미널이나 명령 프롬프트에서 다음을 입력한다.

```
pip install numpy
```

💡 아나콘다 배포판을 설치했다면 이미 포함되어 있을 수도 있다.

배열(Array) 만들기

1) 기본 배열 만들기

```
import numpy as np

a = np.array([1, 2, 3, 4, 5])
print(a)
```

- 출력

```
[1 2 3 4 5]
```

np.array() 는 리스트를 넘파이 배열로 변환해준다.
배열은 리스트처럼 생겼지만, 내부 구조와 연산 방식이 훨씬 최적화되어 있다.

2) 다차원 배열 만들기

```
b = np.array([[1, 2, 3], [4, 5, 6]])
print(b)
```

- 출력

```
[[1 2 3]
 [4 5 6]]
```

넘파이로는 2차원, 3차원 이상 배열도 쉽게 다룰 수 있다. 이는 이미지(픽셀 데이터)나 데이터셋(행과 열)처럼 복잡한 구조를 표현할 때 유용하다.

3) 배열에서 기본 연산하기

넘파이 배열은 리스트와 다르게 배열 전체에 대한 연산을 한 번에 적용할 수 있다.

```
a = np.array([1, 2, 3, 4, 5])

print(a + 10)    # 모든 요소에 10 더하기
print(a * 2)     # 모든 요소에 2 곱하기
print(a / 2)     # 모든 요소 나누기
```

- 출력

```
[11 12 13 14 15]
[ 2  4  6  8 10]
[0.5 1.  1.5 2.  2.5]
```

for 문 없이 전체 계산이 가능하다!

4) 유용한 Numpy 함수들

함수	설명	예시
np.sum()	배열 전체 합	np.sum(a)
np.mean()	평균 계산	np.mean(a)
np.max()	최대값 찾기	np.max(a)
np.min()	최소값 찾기	np.min(a)

5) 실생활 예제: 드론 배터리 소모 예측 시뮬레이션

요즘 드론은 촬영, 배송, 레저 등 다양한 분야에서 널리 사용되고 있다. 드론이 비행할 때, 이동 거리와 풍속에 따라 배터리 소모량이 크게 달라진다.

- 기본적으로 1㎞ 비행 시 10%의 배터리를 소모한다고 가정한다.
- 풍속이 세질수록 소모율이 추가로 증가한다(풍속 1㎧당 1% 추가 소모).
- 거리별 풍속 데이터를 받아, 각 조건에 맞는 배터리 예상 소모량을 계산해보자.

```
import numpy as np

# 비행 거리 배열 (km)
distances = np.array([1, 2, 3, 5, 8])

# 각각 비행할 때 예상 풍속 (m/s)
windspeeds = np.array([0, 5, 10, 7, 12])

# 기본 배터리 소모율 (10% per 1km)
base_usage = 10

# 풍속에 따른 추가 소모율 (풍속 1m/s마다 1% 추가 소모)
additional_usage = windspeeds

# 최종 소모율 계산 (기본 + 추가)
```

```
total_usage_rate = base_usage + additional_usage

# 거리별 총 소모량 계산
battery_consumption = distances * total_usage_rate

print("비행 거리 (km):", distances)
print("풍속 (m/s):", windspeeds)
print("총 소모율 (%/km):", total_usage_rate)
print("예상 배터리 소모량 (%):", battery_consumption)
```

💡 출력 예시

비행 거리(㎞): [1 2 3 5 8]

풍속(m/s): [0 5 10 7 12]

총 소모율(%/km): [10 15 20 17 22]

예상 배터리 소모량(%): [10 30 60 85 176]

넘파이 덕분에 반복문 없이도 간단히 계산할 수 있다.

넘파이 배열 자유자재로 다루기: 슬라이싱, 인덱싱, 브로드캐스팅

넘파이 배열은 단순한 숫자 목록이 아니다. 배열을 자유롭게 선택하고, 변형하고, 조작하는 기술은 AI, 데이터 분석, 이미지 처리 같은 복잡한 문제를 풀 때 반드시 필요한 실전 능력이다.

이번 장에서는 슬라이싱, 인덱싱, 브로드캐스팅 같은 핵심 조작 기술을 익힌다. 단순히 배열을 만드는 수준을 넘어서 배열을 조각내고, 골라내고, 계산하는 고수의 영역으로 한 걸음 나아가자.

1) 슬라이싱(Slicing): 배열의 일부 잘라내기

① 기본 슬라이싱

```
import numpy as np

a = np.array([10, 20, 30, 40, 50])

print(a[1:4])    # 인덱스 1부터 3까지 선택 (4는 포함하지 않음)
```

- 출력

```
[20 30 40]
```

슬라이싱은 **[시작:끝]** 형태이며 끝 인덱스는 포함하지 않는다.

② 2차원 배열 슬라이싱

```
b = np.array([[1, 2, 3], [4, 5, 6], [7, 8, 9]])

print(b[0:2, 1:3])    # 0~1행, 1~2열 선택
```

- 출력

```
[[2 3]
 [5 6]]
```

2) 인덱싱(Indexing): 특정 요소 뽑아내기

① 기본 인덱싱

```
print(a[2])   # 세 번째 요소 선택
```

- 출력

```
30
```

② 불리언 인덱싱
특정 조건을 만족하는 요소만 선택할 수 있다.

```
print(a[a & 25])   # 25보다 큰 값만 선택
```

- 출력

```
[30 40 50]
```

데이터 필터링에 매우 유용하다.

3) 브로드캐스팅(Broadcasting): 크기 다른 배열끼리 연산하기

배열끼리 크기가 다를 때도 넘파이는 알아서 크기를 맞춰서 연산할 수 있다. 이걸 브로드캐스팅이라고 한다.

① 벡터화 연산

```
print(a + 100)   # 모든 요소에 100 더하기
```

- 출력

```
[110 120 130 140 150]
```

for 문 없이 배열 전체에 +10이 적용된다.

② 다른 형태 배열끼리 연산

```
x = np.array([[1], [2], [3]])
y = np.array([10, 20, 30])

print(x + y)
```

- 출력

```
[[11 21 31]
 [12 22 32]
 [13 23 33]]
```

넘파이가 자동으로 작은 배열의 모양을 늘려서 큰 배열에 맞춰 연산한다.

🎯 실생활 예제: 드론 사진 해상도 조정 시뮬레이션

드론으로 촬영한 고해상도 사진이 너무 커서, 웹 업로드나 빠른 전송을 위해 크기를 조정해야 한다.

- 원본 사진: 3000×4000 픽셀
- 목표: 2배 축소, 또는 2배 확대

넘파이를 이용해 축소와 확대를 간단히 구현해보자.

- 코드 예시

```
photo = np.ones((3000, 4000))  # 가상의 사진 배열 생성

# 2배 축소 (픽셀 절반만 남기기)
small_photo = photo[::2, ::2]

# 2배 확대 (모든 픽셀을 2배 복제)
big_photo = np.kron(photo, np.ones((2, 2)))

print("축소된 사진 크기:", small_photo.shape)
print("확대된 사진 크기:", big_photo.shape)
```

- 출력

```
축소된 사진 크기: (1500, 2000)
확대된 사진 크기: (6000, 8000)
```

복잡한 이미지 조작도 넘파이 배열 연산으로 간단히 처리할 수 있다!

넘파이로 데이터 불러오기와 전처리하기: 데이터 실습의 첫걸음

프로그래밍을 통해 무언가를 분석하거나 예측하려면 무조건 데이터를 다뤄야 한다. 엑셀 파일, 센서 기록, 이미지 픽셀 값처럼 현실 세계에서 얻은 다양한 데이터들을 파이썬으로 불러오고, 필요한 형태로 다듬어야 **AI 학습이나 분석 작업**을 제대로 시작할 수 있다.

이번 장에서는 넘파이를 이용해서 파일에서 데이터를 불러오고, 필요한 부분만 골라내고 정리하는 기본기를 확실히 다진다.

1) 파일에서 데이터 읽어오기

넘파이는 **loadtxt()**나 **genfromtxt()**를 사용해 CSV 같은 간단한 텍스트 파일에서 데이터를 읽어올 수 있다.

- 기본 데이터 불러오기: sample_data.txt 파일 내용

```
1.0, 2.0, 3.0
4.0, 5.0, 6.0
7.0, 8.0, 9.0
```

```python
import numpy as np

data = np.loadtxt('sample_data.txt', delimiter=',')
print(data)
```

💡 delimiter=',' 옵션
　delimiter=',' 옵션은 쉼표 구분 파일을 읽겠다는 의미다.

- 출력

```
[[1. 2. 3.]
 [4. 5. 6.]
 [7. 8. 9.]]
```

2) 누락 데이터가 있을 때: genfromtxt()

현실 데이터는 깨끗하지 않은 경우가 많다. 빈칸이나 이상치가 섞여 있으면 **loadtxt()**는 에러를 낼 수 있다.
이럴 때는 **genfromtxt()**를 사용한다.

```
data_with_missing = np.genfromtxt('sample_data_with_missing.txt',
delimiter=',', filling_values=0)
print(data_with_missing)
```

빈칸은 기본값 0으로 채운다(**filling_values=0**).

3) 데이터 가공하기

① 특정 열만 선택하기

```
# 두 번째 열만 추출
second_column = data[:, 1]
print(second_column)
```

- 출력

[2. 5. 8.]

② 특정 행 삭제하기

```
# 첫 번째 행 제거
new_data = np.delete(data, 0, axis=0)
print(new_data)
```

- 출력

[[4. 5. 6.]
 [7. 8. 9.]]

4) 데이터 저장하기

가공한 데이터는 다시 파일로 저장할 수 있다. 분석 결과를 저장하거나, 다음 작업을 위해 준비할 때 유용하다.

```
np.savetxt('processed_data.txt', new_data, delimiter=',')
```

np.savetxt()를 사용해 넘파이 배열을 텍스트 파일로 저장할 수 있다.

5) 데이터 정규화(스케일 조정)

AI 학습에서는 데이터를 0~1 범위로 맞추는 작업이 중요하다.

```
# 0~1 사이로 정규화
normalized_data = (data - np.min(data)) / (np.max(data) - np.min(data))
print(normalized_data)
```


6) 전처리의 중요성

데이터는 거의 항상 '지저분한' 상태로 존재한다. 빈칸이 있거나, 이상치가 있거나, 단위가 맞지 않거나 한다.
좋은 분석이나 AI 모델은 좋은 데이터에서 나온다. 데이터를 깨끗하게 다듬고, 필요한 형태로 정리하는 전처리(preprocessing)는 성공적인 프로젝트의 시작이다.

🎯 실생활 예제 1: 스마트폰 활동량 기록 정리

스마트폰에 기록된 하루 걸음 수 데이터를 파일로 저장했다.

하루하루의 걸음 수 기록을 불러와서, 평균 걸음 수를 계산하고, 1만 보 이하인 날은 '운동 부족'으로 표시해보자.

```
steps = np.loadtxt('steps_data.txt')

average_steps = np.mean(steps)
print("평균 걸음 수:", average_steps)

low_activity_days = steps & 10000
print("운동 부족인 날 수:", np.sum(low_activity_days))
```

🎯 실생활 예제 2: IoT 기기 온도 센서 데이터 정리

온도 센서 데이터를 수집했는데, 센서 오류로 비정상적인 값(0도 이하, 40도 이상)이 섞여 있다. 이상치를 제거한 뒤 평균 온도를 계산해보자.

```
temps = np.genfromtxt('iot_temp_data.txt', delimiter=',', filling_values=0)
temps_cleaned = temps[(temps &= 0) & (temps &= 40)]
print("이상치 제거 후 평균 온도:", np.mean(temps_cleaned))
```

🛠 실습 오류 디버깅 팁

오류	원인	해결 방법
ModuleNotFoundError: No module named 'numpy'	Numpy 설치 안 됨	pip install numpy 실행
TypeError	배열과 리스트 혼합 계산 오류	둘 다 넘파이 배열로 변환해야 함
ValueError	배열 크기가 안 맞을 때 발생	배열의 모양(shape) 확인하기
IndexError	존재하지 않는 인덱스 접근 또는 슬라이싱 범위 착오	배열 크기 확인, 끝 인덱스는 포함되지 않는다는 점 기억하기

ValueError: operands could not be broadcast together	크기 맞지 않는 배열끼리 연산	배열 모양(shape) 맞추기
OSError: file not found	파일 이름 혹은 경로 틀림	파일 위치 확인
ValueError: could not convert string to float	파일 속 데이터가 숫자가 아님	데이터 포맷 점검

📑 정리

개념	설명	주요 함수/기법
슬라이싱	배열의 일부를 잘라내기	a[1:4]
인덱싱	조건에 맞는 요소 뽑기	a[a & 25]
브로드캐스팅	크기 다른 배열 연산	x + y
데이터 불러오기 (깨끗한 파일)	구분자가 있는 텍스트 파일을 배열로 읽기	np.loadtxt()
데이터 불러오기 (결측치 포함)	빈칸이 있는 파일을 결측 처리하며 읽기	np.genfromtxt()
열·행 선택	필요한 열이나 행 일부를 추출하기	슬라이싱(:), 인덱싱([])
행·열 삭제	데이터 배열에서 특정 행 또는 열 삭제하기	np.delete()
데이터 저장	배열을 텍스트 파일로 저장하기	np.savetxt()
데이터 정규화	배열 값을 0~1 범위로 변환하기	수식(data - min) / (max - min)

8. 판다스(Pandas)로 표 형태 데이터를 자유자재로 다루기

- 시리즈, 데이터프레임, 필터링

데이터 분석, 그 첫걸음: 테이블 다루기

데이터 분석과 AI는 결국 데이터를 다루는 기술에서 출발한다.
특히 현실 세계의 데이터는 숫자 하나하나보다, '행과 열로 이루어진 표' 형태가 대부분이다.

- 엑셀 파일에 정리된 판매 실적 및 고객 정보 목록
- 설문조사 응답 테이블
- 웹사이트에서 크롤링한 상품 목록

이런 행(Row)과 열(Column)로 이루어진 데이터를 손쉽게 다루기 위해 탄생한 강력한 도구가 바로 판다스(Pandas)다.
넘파이 배열이 수학적 계산에 최적화되어 있다면, 판다스는 현실 세계의 데이터 정리, 분석, 가공에 최적화되어 있다. 판다스를 이용하면 파이썬에서도 엑셀처럼 데이터를 자유롭게 다루고 분석할 수 있다.

학습 목표

- 판다스의 기본 구조인 시리즈(Series)와 데이터프레임(DataFrame) 이해하기
- 열과 행을 자유롭게 선택하고 필터링하기

- 조건에 맞는 데이터 추출하기
- 간단한 그룹화(GroupBy)와 통계 요약 맛보기

판다스 설치하기

터미널(명령 프롬프트)에서 판다스를 설치한다.

```
pip install pandas
```

설치 후 바로 사용할 수 있다.

```
import pandas as pd
```

관례상 **pandas**는 **pd**라는 별칭으로 가져온다.

판다스의 두 가지 기본 구조

판다스에는 크게 두 가지 기본 구조가 있다.

구조	특징	사용 예시
시리즈(Series)	1차원 데이터(한 열)	학생 키 목록, 일별 매출
데이터프레임(DataFrame)	2차원 데이터(행 + 열)	학생 이름 + 나이 + 전공

1) 시리즈(Series) 만들기

```
s = pd.Series([10, 20, 30, 40, 50])
print(s)
```

- 출력

```
0    10
1    20
2    30
3    40
4    50
dtype: int64
```

자동으로 인덱스(번호)가 붙는다. 1차원 배열처럼 사용할 수 있다.
시리즈는 '하나의 속성'을 담을 때 사용한다.

2) 데이터프레임(DataFrame) 만들기

```
data = {
    '이름': ['홍길동', '김철수', '이영희'],
    '나이': [23, 25, 21],
    '전공': ['컴퓨터공학', '경영학', '수학']
}

df = pd.DataFrame(data)
print(df)
```

- 출력

```
    이름  나이       전공
0  홍길동   23  컴퓨터공학
1  김철수   25     경영학
```

2   이영희   21   수학

데이터프레임은 '여러 속성'을 함께 다룰 때 사용한다.

데이터 선택과 필터링

1) 열 선택하기

print(df['이름'])

특정 열(column)을 선택할 수 있다.

2) 행 선택하기

print(df.loc[1])   # 인덱스 1번 행 선택

loc[]는 인덱스 번호를 이용해 행(row)을 선택한다.

3) 조건으로 필터링하기

print(df[df['나이'] & 22])

나이가 22세 초과인 사람만 골라낸다.

4) 복합 조건 필터링하기

```
# 나이가 22세 이상이고 전공이 '컴퓨터공학'인 사람
print(df[(df['나이'] &= 22) & (df['전공'] == '컴퓨터공학')])

# 전공이 수학 또는 경영학인 사람
print(df[(df['전공'] == '수학') | (df['전공'] == '경영학')])
```

and 조건은 &, or 조건은 |로 조합한다.

데이터 정렬과 수정

1) 데이터 정렬하기

```
print(df.sort_values('나이'))
```

'나이' 기준으로 오름차순 정렬한다.

2) 새로운 열 추가하기

```
df['학년'] = [3, 4, 2]
print(df)
```

'학년' 열을 추가할 수 있다.

3) 열 삭제하기

```
df = df.drop('전공', axis=1)
print(df)
```

drop() 으로 열이나 행을 삭제할 수 있다.

데이터 요약: GroupBy 맛보기

초보 단계에서도 그룹화(groupby)는 정말 유용하다. 데이터를 특정 기준으로 묶고, 그 안에서 평균, 합계, 개수 등을 계산할 수 있다.

예를 들어 다음과 같이 학년별 평균 점수를 구하는 코드를 작성할 수 있다.

```
data2 = {
    '이름': ['홍길동', '김철수', '이영희', '박민수', '정지현'],
    '학년': [1, 2, 1, 3, 2],
    '점수': [85, 90, 78, 92, 88]
}

df2 = pd.DataFrame(data2)

grouped = df2.groupby('학년')['점수'].mean()
print(grouped)
```

- 출력

```
학년
1    81.5
2    89.0
3    92.0
Name: 점수, dtype: float64
```

groupby()로 간단하게 데이터 요약이 가능하다.

파일 저장과 불러오기

1) CSV 파일로 저장

```
df.to_csv('students.csv', index=False, encoding='utf-8-sig')
```

한글이 깨지지 않도록 **encoding='utf-8-sig'**를 지정한다.

2) CSV 파일 불러오기

```
df_loaded = pd.read_csv('students.csv', encoding='utf-8-sig')
print(df_loaded)
```

현업에서는 **인코딩 문제(특히 한글 깨짐)**를 항상 조심해야 한다.

🎯 실습 예제: 스타트업 인턴 지원자 분석

스타트업 인턴 지원자 데이터에서 이름, 전공, 지원 분야, 코딩테스트 점수를 불러온다. 코딩테스트 점수가 80점 이상인 사람만 골라낸다.

```
import pandas as pd

# 지원자 데이터 불러오기
applicants = pd.read_csv('applicants.csv', encoding='utf-8-sig')

# 80점 이상 합격자 필터링
passed = applicants[applicants['코딩테스트'] &= 80]

# 결과 출력
print(passed)
```

판다스를 사용하면 수백 명, 수천 명의 데이터를 엑셀보다 훨씬 빠르고 유연하게 다룰 수 있다.

🛠 실습 오류 디버깅 팁

오류	원인	해결 방법
KeyError	없는 열 이름을 잘못 썼음	열 이름 정확히 확인
FileNotFoundError	파일 경로 오류	파일 위치 재확인
AttributeError	메서드 이름 오타	정확한 메서드(**to_csv, read_csv**) 사용

📑 정리

개념	설명	주요 함수/기법	예시
시리즈(Series)	한 열짜리 1차원 데이터	pd.Series()	학생 키 목록
데이터프레임(DataFrame)	여러 열로 이루어진 2차원 데이터	pd.DataFrame()	학생 정보표(이름, 나이, 전공)
데이터 선택 및 필터링	열·행·조건으로 선택	**df['열이름'], df.loc[인덱스], df.iloc[번호]**	df['이름'] → 이름 열 출력 df.loc[1] → 인덱스 1번 행 출력
조건 필터링	조건에 맞는 데이터 선택	**df[조건식]**	df[df['나이'] > 22]
데이터 정렬·수정	정렬, 열 추가·삭제	sort_values(), drop()	나이순 정렬
그룹화(GroupBy)	특정 열을 기준으로 요약 통계	groupby(), agg()	학생 정보 저장·불러오기
파일 저장·불러오기	CSV 저장과 읽기	to_csv(), read_csv(), 인코딩 지정	학생 정보 저장·불러오기

9. 데이터 시각화 입문: 숫자를 그림으로 읽는 힘

- matplotlib과 seaborn 맛보기

숫자가 아니라 그림으로 이해하는 시대

데이터를 많이 모은다고 해서 의미가 생기는 건 아니다. 중요한 것은 패턴과 이상점(Outlier)을 발견하고, 숫자 속에 숨은 이야기를 읽어내는 것이다.

이때 가장 효과적인 방법이 바로 시각화(Visualization)이다. 데이터 시각화는 방대한 숫자들을 인간이 빠르게 이해할 수 있는 형태로 변환하고, 숨겨진 인사이트를 직관적으로 발견하게 만든다.

학습 목표

- matplotlib을 이용해 다양한 기본 그래프를 직접 그려보기
- seaborn을 이용해 세련되고 아름다운 그래프 만들기
- 데이터를 수치가 아니라 '이미지'로 해석하는 감각 키우기

matplotlib으로 기본 그래프 그리기

1) matplotlib 설치

터미널 또는 명령 프롬프트에서 설치한다.

```
pip install matplotlib
```

2) 기본 사용법

matplotlib은 보통 pyplot 모듈을 가져와서 사용한다.

```
import matplotlib.pyplot as plt
```

pyplot은 엑셀처럼 **단계별 그래프 생성**을 쉽게 만들어주는 서브모듈이다.

3) 다양한 그래프 직접 그려보기

① 선형그래프(Line Plot)
두 변수의 관계를 선으로 연결해 보여준다. 예를 들어 시간별 온도 변화, 주식 가격 추이 등을 표현할 때 사용한다.

```
import matplotlib.pyplot as plt
from matplotlib import font_manager

# 한글 글꼴 설정
font_path = "C:/Windows/Fonts/malgun.ttf"   # 윈도우의 기본 한글 글꼴 경로
(Mac, Linux에서는 다른 경로 필요)
fontprop = font_manager.FontProperties(fname=font_path)
```

```
plt.title('기본 선형그래프', fontproperties=fontprop)
plt.xlabel('X축 (시간)', fontproperties=fontprop)
plt.ylabel('Y축 (값)', fontproperties=fontprop)

# 데이터와 그래프 그리기
x = [1, 2, 3, 4, 5]
y = [2, 4, 6, 8, 10]

plt.plot(x, y)
plt.grid(True)
plt.show()
```

- 출력: 시작점(1,2)부터 끝점(5,10)까지 선이 쭉 연결된 그래프가 나타난다.

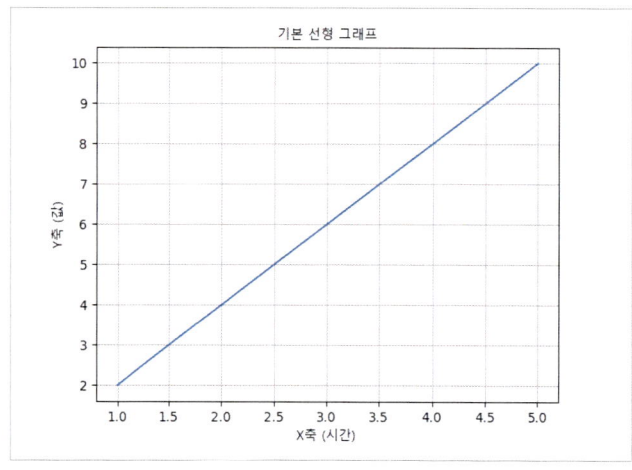

선형그래프는 **변화 추세**를 한눈에 볼 수 있다.

② **막대그래프**(Bar Chart)
범주형 데이터(카테고리 데이터)를 보여줄 때 유용하다. 예를 들어 과일 판매량, 성별 인원수 비교 등을 표현할 수 있다.

```
import matplotlib.pyplot as plt

plt.rcParams['font.family'] = 'Malgun Gothic'   # 한글 폰트 설정
```

```
fruits = ['사과', '바나나', '딸기']     # 과일과 판매 수량
counts = [10, 15, 7]
colors = ['green', 'yellow', 'red']     # 색상 지정 (사과는 초록, 바나나는 노랑, 딸기는 빨강)
plt.bar(fruits, counts, color=colors)     # 바 차트 생성

plt.title('과일 판매량', fontsize=16)     # 제목, 폰트 크기
plt.xlabel('과일 종류', fontsize=14)     # x축 레이블, 폰트 크기
plt.ylabel('판매 수량', fontsize=14)     # y축 레이블, 폰트 크기

plt.show()     # 그래프 표시
```

- 출력

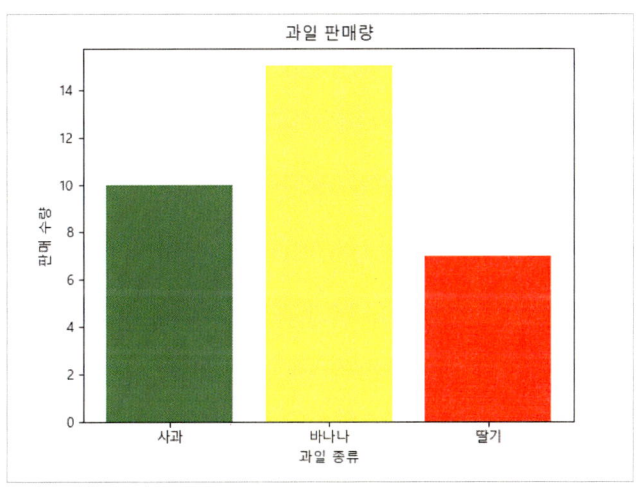

각 범주(사과, 바나나, 딸기)의 수량 차이를 쉽게 비교할 수 있다.

③ 산점도(Scatter Plot)

키와 몸무게, 공부 시간과 시험 점수와 같이 **두 변수 간의 관계**를 개별 점으로 표현한다.

```
import numpy as np

x = np.random.rand(50)   # 0~1 사이 난수 50개
y = np.random.rand(50)
```

```
plt.scatter(x, y)
plt.title('무작위 산점도')
plt.xlabel('X값')
plt.ylabel('Y값')
plt.show()
```

- 출력

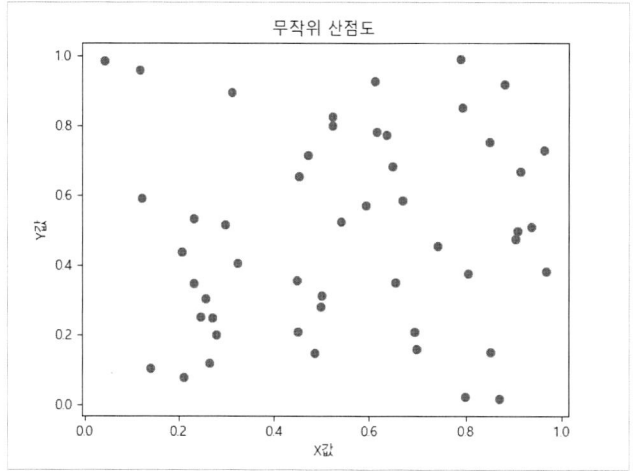

산점도는 **변수 간 상관관계**를 시각적으로 확인할 수 있다.

seaborn으로 더 아름답게 그리기

1) seaborn 설치

```
pip install seaborn
```

seaborn은 matplotlib을 기반으로 만들어진 **고급 시각화 라이브러리**다. 기본적으로 더 세련되고, 테마 설정이 쉽다.

```
import seaborn as sns
```

2) 기본 스타일 설정

```
sns.set_style('whitegrid')    # 배경에 격자 추가
```

'whitegrid', 'darkgrid', 'white', 'dark', 'ticks' 등 다양한 스타일을 선택할 수 있다.

3) seaborn 주요 그래프 실습

① 산점도(Scatter plot) — 고급 버전

```
tips = sns.load_dataset('tips')    # 식당 팁 데이터 불러오기

sns.scatterplot(x='total_bill', y='tip', data=tips)
plt.title('식사 금액과 팁 관계')
plt.show()
```

- 출력

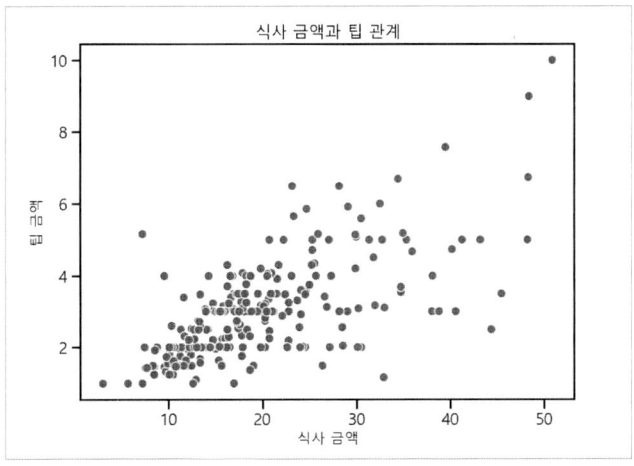

식사 금액(total_bill)과 팁(tip) 간의 관계를 점으로 표현한다.

② 히트맵(Heatmap)

변수 간 **상관관계**를 색상으로 표현한다.

```
corr = tips.corr()
sns.heatmap(corr, annot=True, cmap='coolwarm')

plt.title('변수 간 상관관계 히트맵')
plt.show()
```

💡 **annot=True**: 각 칸에 상관계수 표시
💡 **cmap='coolwarm'**: 색상 테마 설정

- 출력

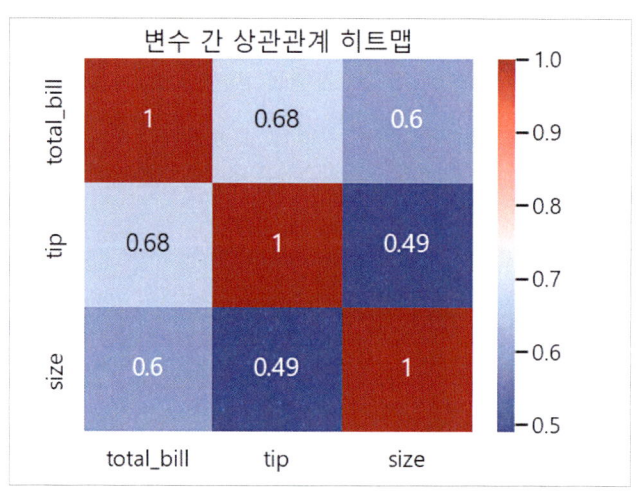

상관관계가 높을수록 붉은색, 낮을수록 파란색으로 표시된다.

③ 박스플롯(Boxplot)

데이터 분포와 이상치(outlier)를 확인할 수 있다.

```
sns.boxplot(x='day', y='total_bill', data=tips)
plt.title('요일별 식사 금액 분포')
plt.show()
```

- 출력

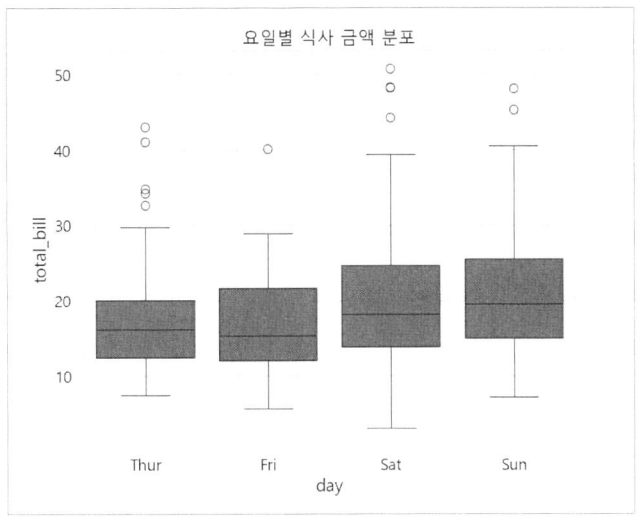

박스 안은 데이터의 50% 범위(사분위수), 점들은 이상값을 의미한다.

🎯 실습 예제: 스마트워치 운동 기록 데이터 시각화

스마트워치를 찬 사용자의 기록 데이터를 분석하고 시각화한다.

- 요일별 걸음 수
- 운동 종류(걷기, 달리기, 자전거)
- 운동 시간(분)
- 칼로리 소모량

1) 데이터 예시

```
import pandas as pd

# 스마트워치 운동 기록 데이터
data = {
```

```
    '요일': ['월', '화', '수', '목', '금', '토', '일', '월', '화', '수'],
    '운동 종류': ['걷기', '달리기', '걷기', '자전거', '달리기', '걷기', '자전거', '달리기', '걷기', '달리기'],
    '운동 시간': [30, 45, 20, 50, 40, 60, 55, 35, 25, 50],  # 분
    '걸음 수': [4000, 7000, 3000, 0, 6500, 8000, 0, 6000, 3500, 6800]
    '칼로리 소모량': [150, 300, 120, 400, 280, 350, 380, 260, 140, 290]
}

df = pd.DataFrame(data)
```

2) 요일별 평균 걸음 수 막대그래프

```
import matplotlib.pyplot as plt
import seaborn as sns

avg_steps = df.groupby('요일')['걸음 수'].mean().reset_index()

sns.barplot(x='요일', y='걸음 수', data=avg_steps, order=['월','화','수','목','금','토','일'])
plt.title('요일별 평균 걸음 수')
plt.show()
```

운동 패턴이 주중과 주말에 어떻게 다른지 알 수 있다.

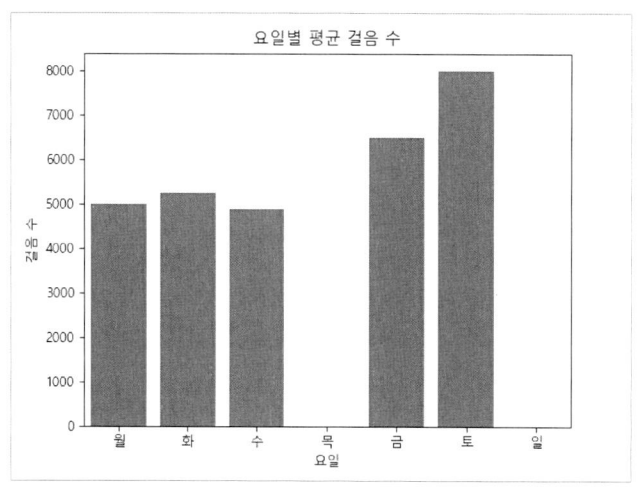

3) 운동 종류별 칼로리 소모 비교

```
sns.boxplot(x='운동 종류', y='칼로리 소모량', data=df)
plt.title('운동 종류별 칼로리 소모량 분포')
plt.show()
```

걷기, 달리기, 자전거 타기가 각각 칼로리 소모량에 어떤 차이를 보이는지 파악할 수 있다.

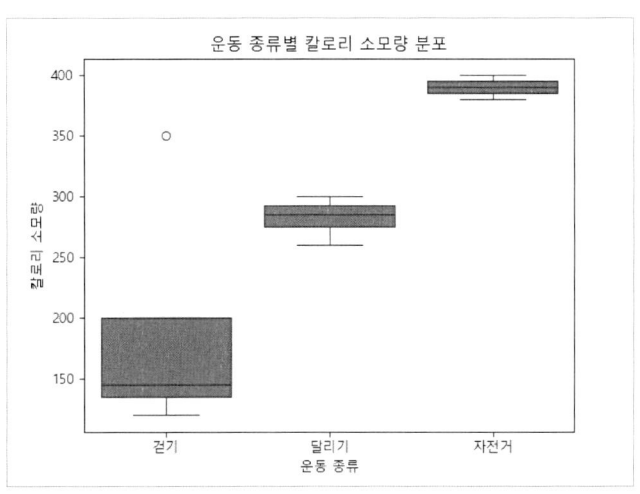

4) 전체 운동 시간 히스토그램

```
plt.hist(df['운동 시간'], bins=5, color='skyblue', edgecolor='black')
plt.title('운동 시간 분포')
plt.xlabel('운동 시간(분)')
plt.ylabel('횟수')
plt.show()
```

평균적인 운동 시간이 얼마 정도 되는지 확인할 수 있다.

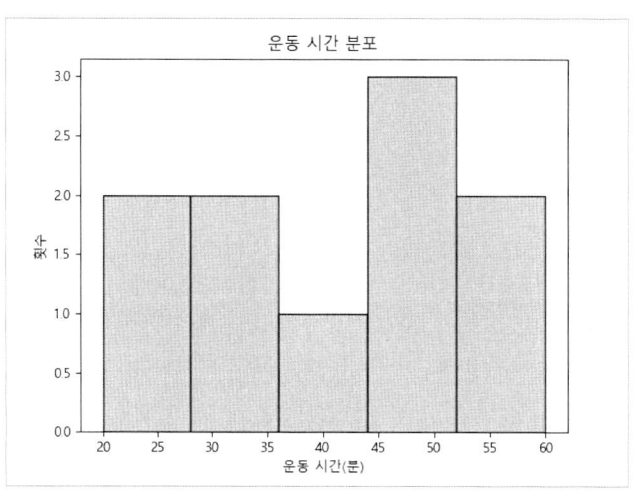

5) 최고의 운동 성과 요일 찾기(칼로리 소모량 기준)

```
best_day = df.groupby('요일')['칼로리 소모량'].sum().idxmax()
print(f"가장 많은 칼로리를 소모한 요일은 {best_day}요일입니다.")
```

전체 소모 칼로리가 가장 높은 요일을 데이터로 뽑아낼 수 있다.

🛠 실습 오류 디버깅 팁

오류	원인	해결 방법
ModuleNotFoundError	matplotlib 또는 seaborn 설치 안 됨	pip install matplotlib seaborn
ValueError: x and y must be the same size	x와 y 데이터 개수가 다름	x, y 길이 맞추기
그래프가 출력되지 않음	plt.show() 호출 누락	그래프 코드 후 항상 plt.show() 실행
한글 깨짐 문제	matplotlib과 seaborn이 기본적으로 한글 폰트를 인식하지 못해서 발생하는 문제	아래 코드를 한번 실행해주면 이후 모든 그래프에 한글이 정상적으로 표시됨

```
import matplotlib.pyplot as plt
import seaborn as sns
from matplotlib import font_manager

# Windows 기준 한글 폰트 경로 (맑은 고딕)
font_path = "C:/Windows/Fonts/malgun.ttf"
fontprop = font_manager.FontProperties(fname=font_path)

# matplotlib과 seaborn에 한글 폰트 적용
plt.rcParams['font.family'] = fontprop.get_name()
sns.set_style('whitegrid')      # 배경에 격자 스타일 적용
sns.set_context("talk")         # 글씨 크기 조정
```

💡 Mac 사용자일 경우 **"AppleGothic"**을 설정하면 된다. Linux 사용자라면 **"NanumGothic"**이나 **"DejaVuSans"** 등 시스템에 설치된 한글 폰트를 사용하자.

📋 정리

개념	설명	주요 함수/기법
선형그래프	두 변수 관계를 선으로 연결	plt.plot()
막대그래프	범주별 수량을 막대 높이로 표현	plt.bar()
산점도	두 변수 간 관계를 점으로 표현	plt.scatter(), sns.scatterplot()
히트맵	변수 간 상관관계 시각화	sns.heatmap()
박스플롯	데이터 분포와 이상치 확인	sns.boxplot()

10. 프로젝트 2: CSV 데이터 분석과 시각화

- 오픈데이터로 배우는 실전 데이터 분석과 시각화 통합

이번 장은 단순한 기술 실습을 넘어, '코드를 짜는 사람'에서 '데이터로 인사이트를 만드는 사람'으로 성장하는 분기점이 될 것이다.

실습 데이터 다운로드 안내

이 장에서는 공개된 오픈데이터셋(CSV 파일)을 활용하여, 실제로 존재하는 데이터를 분석하고 시각화하는 프로젝트를 수행한다. 아래 두 데이터셋은 Kaggle을 통해 누구나 무료로 내려받을 수 있으며, 교육 및 학습 목적 사용이 허용된다.

1) Sample Sales Data(Superstore)

- 설명: 지역, 제품, 날짜별 판매 정보를 담은 교육용 매출 데이터셋
- 출처: Kaggle(https://www.kaggle.com/datasets/vivek468/superstore-dataset-final)
- 파일 예시: **SampleSuperstore.csv**

2) World Happiness Report

- 설명: UN의 행복 보고서 기반 데이터로, 국가별 행복 점수와 GDP 및 사회 지원 등 다양한 지표 포함

- 출처: Kaggle(https://www.kaggle.com/datasets/unsdsn/world-happiness)
- 공식 사이트: https://worldhappiness.report
- 파일 예시: **world-happiness-report.csv**

왜 CSV 데이터 분석이 중요한가?

데이터 분석의 출발점은 항상 현실 데이터를 다루는 것이다. 그중에서도 가장 일반적이고 범용적인 형태가 바로 CSV(Comma-Separated Values) 형식이다.

이 장에서는 다음 두 가지 프로젝트를 통해 단순한 코딩을 넘어서 데이터를 이해하고 직접 인사이트를 발견하는 능력을 키우게 된다.

이 장에서 배우는 것

프로젝트	주요 내용	분석 기술	시각화 기법
Sample Sales 분석	지역별 매출, 월별 매출 추이	groupby, 날짜 처리	barplot, lineplot
World Happiness 분석	변수 상관관계, 대륙별 점수 비교	corr(), 조건 필터링	heatmap, boxplot, lmplot

CSV 파일 불러오기 전, 파일 경로를 정확히 지정하자

우리가 분석할 데이터 파일은 보통 .csv 형식으로 제공된다. 이 파일을 불러오기 위해서는 pandas의 read_csv() 함수를 사용하는데, 파일이 어디에 있는지 정확히 지정해주는 것이 매우 중요하다.

파일 경로를 지정하는 두 가지 방법은 다음과 같다.

1) 절대 경로 사용하기

절대 경로는 컴퓨터 전체 폴더 구조에서 파일이 위치한 정확한 위치를 알려주는 방식이다. 만약 SampleSuperstore.csv 파일이 D:/AI_code/Dataset 폴더에 있다면, 다음과 같이 경로를 지정할 수 있다.

```python
import pandas as pd

# 절대 경로 지정
file_path = r'D:/AI_code/Dataset/SampleSuperstore.csv'

# CSV 파일 불러오기
df = pd.read_csv(file_path)
print(df.head())
```

💡 r'' 문자열은 경로에 있는 슬래시(/ 또는 ₩)를 문자 그대로 인식하도록 도와준다.

2) 상대 경로 사용하기

상대 경로는 현재 작업 중인 디렉토리를 기준으로 경로를 설정하는 방식이다. 예를 들어 작업 디렉토리가 D:/VScodepractice이고, 그 하위 폴더에 Dataset/SampleSuperstore.csv 파일이 있다면 이렇게 쓸 수 있다.

```python
import pandas as pd

# 상대 경로 지정
file_path = r'Dataset/SampleSuperstore.csv'

df = pd.read_csv(file_path)
print(df.head())
```

이 방식은 코드와 데이터가 함께 있는 프로젝트 폴더를 구성할 때 유용하다.

💡 현재 작업 디렉토리 확인하기

상대 경로가 잘 작동하지 않을 경우, 현재 작업 중인 디렉토리(스크립트가 실행되는 위치)를 먼저 확인하는 것이 중요하다.

```
import os
print(os.getcwd())   # 현재 작업 디렉토리 출력
```

이 명령을 실행하면, read_csv()가 기준으로 삼는 위치를 확인할 수 있다. 파일이 이 디렉토리 하위에 없으면 상대 경로는 실패하게 된다.

📋 정리: 경로 설정 팁

방식	특징
절대 경로	정확하고 명확하지만, 다른 컴퓨터에서는 동작하지 않을 수 있음
상대 경로	프로젝트 내 파일 구조가 명확할 때 추천
디렉토리 확인	os.getcwd()로 현재 기준 위치를 먼저 확인

파일 경로 설정은 데이터 분석의 시작점이자, 실행 오류가 가장 많이 발생하는 부분 중 하나다. 이 장에서는 데이터 파일을 문제없이 불러온 뒤, 그 내용을 시각화하고 분석하는 전 과정을 실습해보게 된다.

Sample Sales Data: 매출 분석기 만들기

CSV 판매 데이터를 불러오고, 지역·카테고리·월별로 매출을 분석하며 시각화까지 완성해보자.

1) 데이터 불러오기

```
import pandas as pd
df = pd.read_csv('SampleSuperstore.csv')
print(df.head())
```

2) 지역별 매출 비교

```
import seaborn as sns
import matplotlib.pyplot as plt

region_sales = df.groupby('Region')['Sales'].sum().reset_index()
sns.barplot(x='Region', y='Sales', data=region_sales)
plt.title('지역별 총 매출')
plt.show()
```

- 출력

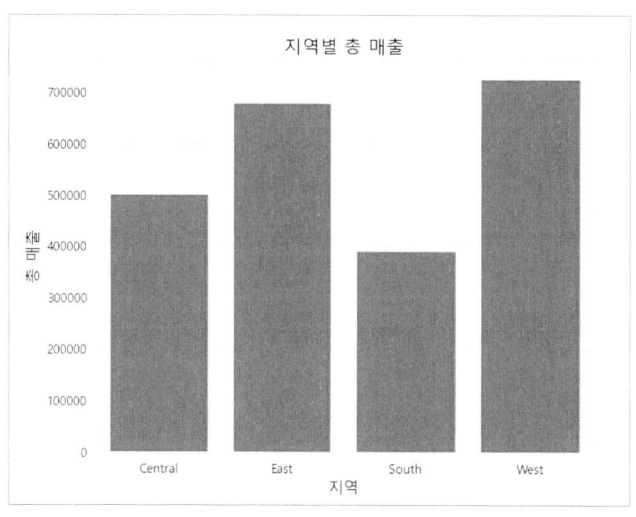

3) 카테고리별 평균 수량

```
category_avg = df.groupby('Category')['Quantity'].mean().reset_index()
sns.barplot(x='Category', y='Quantity', data=category_avg)
plt.title('카테고리별 평균 주문 수량')
plt.show()
```

- 출력

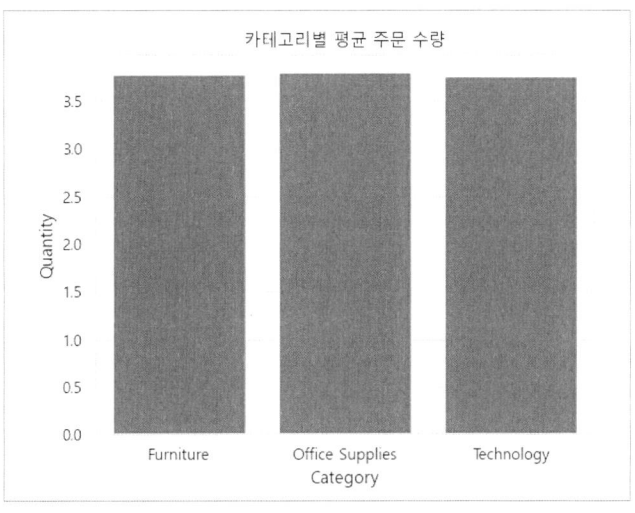

4) 월별 매출 추이

```
df['Order Date'] = pd.to_datetime(df['Order Date'])
df['Month'] = df['Order Date'].dt.month
monthly_sales = df.groupby('Month')['Sales'].sum().reset_index()

plt.plot(monthly_sales['Month'], monthly_sales['Sales'], marker='o')
plt.title('월별 매출 추이')
plt.xlabel('월')
plt.ylabel('총 매출($)')
plt.grid(True)
plt.show()
```

- 출력

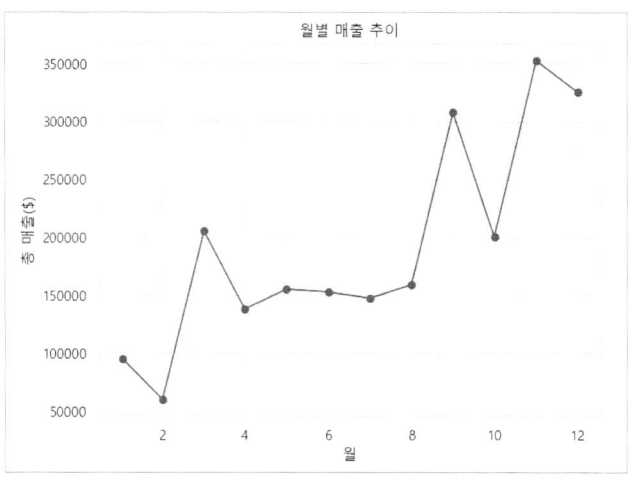

World Happiness Report: 행복 지수 분석기

행복 점수와 경제적·사회적 요인 간의 상관관계를 분석하고 국가별 또는 대륙별 패턴을 시각화한다.

1) 데이터 불러오기

```
df = pd.read_csv('world-happiness-report.csv')
df.head()
```

2) GDP vs 행복 점수

```
sns.lmplot(x='GDP per capita', y='Score', data=df)
plt.title('GDP와 행복 점수의 관계')
```

💡 결과로 그래프가 그려지지 않는 경우, 결측값이 있는지 확인하고 제거해본다.
   df = df.dropna(subset=['GDP per capita', 'Score'])

- 출력

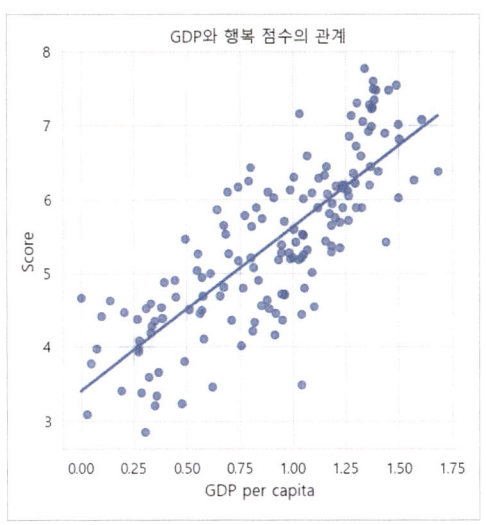

3) 상관관계 히트맵

```
corr = df.corr()
sns.heatmap(corr, annot=True, cmap='coolwarm')
plt.title('행복 관련 지표 간 상관관계')
```

4) 대륙별 행복 점수 박스플롯(대륙 정보가 있을 경우)

```
sns.boxplot(x='Continent', y='Score', data=df)
plt.title('대륙별 행복 점수 분포')
```

5) 선택형 과제

- Score가 상위 10위인 국가만 추출하여 막대그래프를 그려보자.
- Freedom 또는 Social support가 높은 국가와 낮은 국가의 평균 Score 차이를 비교해보자.
- GDP와 Score 간 상관계수를 직접 계산해보자.

📑 정리

항목	주요 기술	배운 점
CSV 분석	read_csv(), groupby()	데이터를 읽고 요약하는 능력
날짜 처리	pd.to_datetime(), dt.month	시간 기반 분석 가능
시각화	barplot, line, heatmap, boxplot	수치 → 직관적 그림
상관관계	corr(), lmplot()	변수 간 관계 해석

3부

인공지능 첫걸음

— 머신러닝으로 분류해보기

수식 대신 예제로 배우는
AI의 핵심 원리

인공지능을 움직이는 두뇌, 머신러닝

우리는 지금까지 컴퓨터에게 일일이 명령을 입력해 결과를 얻는 방식에 익숙하다. 예를 들어 '점수가 80점 이상이면 합격'이라는 규칙이 있다면, 전통적인 프로그래밍에서는 이를 조건문으로 코드에 직접 입력해야 한다.

하지만 머신러닝은 다르다. 개발자가 합격 기준을 코드로 작성하지 않는다. 대신, 수많은 학생들의 점수와 합격 여부라는 데이터를 입력하면 컴퓨터가 스스로 '어떤 점수 이상이면 보통 합격하더라'라는 규칙(모델)을 학습하게 된다. 이렇게 데이터에서 스스로 패턴을 찾아내는 방식이 바로 머신러닝(Machine Learning)이다.

11. 머신러닝이 뭘까?

- 지도학습과 비지도학습의 개념

컴퓨터가 스스로 배우는 방식

머신러닝은 말 그대로 기계가 스스로 학습하는 것이다. 단순한 계산이나 명령 수행을 넘어, 과거의 데이터를 보고 미래를 예측하거나 보지 못한 대상을 분류하는 데까지 쓰인다.

예를 들어 스마트폰이 사진 속 고양이와 강아지를 구분하고, 이메일 앱이 어떤 메일이 스팸인지 판단하며, 쇼핑몰이 우리가 좋아할 만한 상품을 추천하는 데 모두 머신러닝이 사용된다.

전통 프로그래밍과 머신러닝의 차이

전통적인 프로그래밍과 머신러닝은 입력과 결과의 흐름에서 차이를 보인다. 전통적인 방식에서는 사람이 규칙을 미리 정한다. '이 조건이라면 저 결과를 내라' 하고 컴퓨터에게 직접 알려주는 방식이다. 반면 머신러닝에서는 사람이 데이터와 정답(결과)을 제공하고, 컴퓨터가 거기서 스스로 규칙을 찾는다. 즉, 사람이 직접 규칙을 작성하지 않아도 되는 것이다.

구분	전통 프로그래밍	머신러닝
입력	규칙(코드) + 데이터	데이터 + 정답(또는 데이터만)
처리	사람이 정한 규칙을 수행	컴퓨터가 패턴을 학습
출력	결과	**규칙(모델)** + 예측 결과

머신러닝의 주요 분류

머신러닝은 크게 두 가지 방식으로 나뉜다. 하나는 정답을 보고 배우는 방식, 다른 하나는 스스로 패턴을 찾아내는 방식이다.

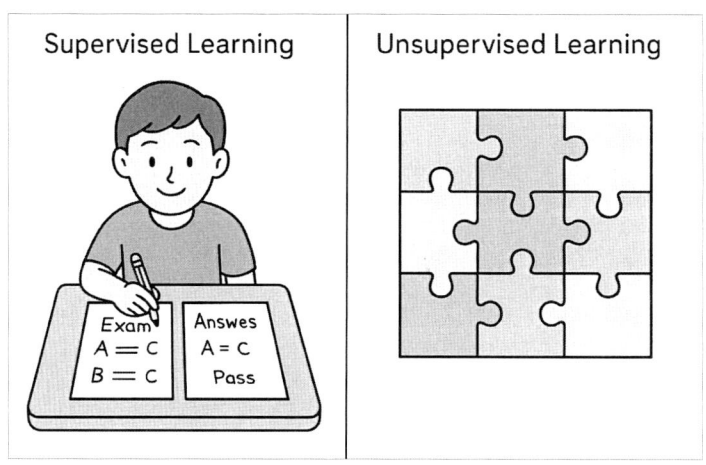

1) 지도학습(Supervised Learning)

지도학습은 정답이 있는 데이터를 통해 학습하는 방식이다. 예를 들어, 수천 개의 이메일에 '스팸' 또는 '정상'이라는 꼬리표가 붙어 있고, 이런 데이터를 통해 머신러닝 모델은 어떤 메일이 스팸인지 구분하는 방법을 스스로 배운다.

또 다른 예로, 병원에서는 CT 영상을 보고 폐암 여부를 판단한 수많은 기록이 있다. 이러한 데이터를 바탕으로 머신러닝은 '이런 영상이면 암이다'라는 의학적 판단 기준을 배울 수 있다.

2) 비지도학습(Unsupervised Learning)

비지도학습은 정답 없이, 데이터 자체에서 숨겨진 구조를 찾는다. 어떤 데이터가 서로 비슷한지, 어떻게 나누면 좋을지 컴퓨터가 스스로 판단한다. 예를 들어 고객들의 쇼핑 내역을 보면 누구는 매번 할인 상품만 사고, 누구는 새로 나온 제품을 주로 사고, 누구는 매장을 자주 방문한다.

이런 특징들을 기반으로 컴퓨터가 '이 사람들과 저 사람들은 다르다'라고 판단하여 스스로 그룹을 나누는 것이 가능해진다. 이처럼 정답은 없지만, 데이터 속 '비슷함'을 바탕으로 분류하는 것이 비지도학습이다.

생활 속 머신러닝의 예

상황	학습 방식	설명
음악 앱이 좋아하는 장르를 추천	비지도학습	당신과 비슷한 취향의 사용자 군집 분석
이메일이 스팸인지 자동 분류	지도학습	과거 메일 분류 데이터를 바탕으로 학습
병원에서 CT 스캔으로 폐암 여부 판별	지도학습	수많은 진단 결과와 사진을 학습
마트에서 고객 세그먼트를 구분	비지도학습	구매 패턴 기반으로 고객 유형을 분류

💡 보충 설명: 준지도학습(Semi-Supervised Learning)

현실에서는 정답(라벨)이 붙은 데이터가 부족한 경우가 많다. 이때 사용하는 방식이 바로 준지도학습이다. 예를 들어, 1,000장의 이미지 중 100장에만 '강아지' 또는 '고양이'라고 표시되어 있고 나머지 900장은 아무런 정답도 없다고 해보자.

지도학습만 사용하면 100장만 학습에 활용할 수 있다. 비지도학습만 사용하면 군집화만 가능하다. 하지만 준지도학습은 둘의 장점을 함께 사용한다.

조금 있는 정답을 기반으로 전체 데이터를 더 잘 분류하거나 예측하도록 학습을 확장한다. 이 방식은 현실 데이터를 다룰 때 특히 유용하다.

학습 방식	라벨(정답) 사용 여부	대표 용도
지도학습	모든 데이터에 정답 있음	예측, 분류 예: 🔴 🟢 🔵 점들 옆에 모두 정답 표시 → '고양이', '강아지'
비지도학습	정답 없음	군집화, 추천 예: ⚪ ⚪ ⚪ (모양만 다르고 색 없음) → 나중에 자동 군집 색 지정됨
준지도학습	일부만 정답 있음	이미지 분류, 음성 인식, 자연어 분류 예: 🔴 🟢 🟡 ❓ ❓ ❓ (라벨 있는 점과 없는 점이 섞여 있음)

지도학습	준지도학습	비지도학습
	  	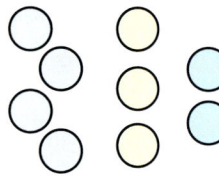
정답 포함된 데이터로 학습합니다	일부 정답만 가지고 나머지를 추론합니다	비슷한 것끼리 자동으로 분류합니다

12. 사이킷런으로 첫 머신러닝 모델 만들기

- 붓꽃 분류기 만들기

인공지능 모델, 이제 직접 만들어보자

지금까지 우리는 머신러닝이 무엇인지, 컴퓨터가 어떻게 학습하는지 개념적으로 배웠다. 이제는 직접 데이터를 불러오고, 모델을 만들고, 예측을 수행하는 전체 흐름을 체험할 차례다.

파이썬에는 머신러닝을 쉽게 사용할 수 있게 해주는 유명한 도구가 있다. 바로 사이킷런(scikit-learn)이다.

학습 목표

- 머신러닝 실습에 필요한 사이킷런 도구 설치 및 이해
- 붓꽃 데이터셋을 이용한 분류 모델 만들기
- 예측 결과 확인 및 정확도 평가

붓꽃 데이터로 배우는 분류기의 기본 구조

1) 사이킷런 소개

scikit-learn은 파이썬 기반의 오픈소스 머신러닝 라이브러리이다. 초보자도 쉽게 사용할 수 있도록 간결하고 일관된 API를 제공하며, 다음과 같은 기능을 포함한다.

- 다양한 모델: 분류(Classification), 회귀(Regression), 클러스터링(Clustering)
- 데이터 전처리 도구: 정규화, 특성 선택 등
- 내장 데이터셋: 붓꽃, 와인, 당뇨병 데이터 등
- 평가 지표: 정확도, 정밀도, 재현율, F1-score 등

사이킷런은 다음과 같은 일관된 머신러닝 흐름을 따른다.

[입력 데이터] → [전처리] → [모델 학습(fit)] → [예측(predict)] → [평가(score)]

각 단계를 수행하는 주요 메서드는 다음과 같다.

메서드	설명
fit()	모델에 데이터를 학습시킴
predict()	새 데이터에 대한 예측 수행
score() 또는 accuracy_score()	예측 결과 평가

2) 사이킷런 설치

사이킷런은 대부분의 파이썬 환경(Colab, Jupyter 등)에 기본 설치되어 있다. 로컬에서 설치가 필요한 경우 다음과 같은 명령어를 입력하면 된다.

```
pip install scikit-learn
```

설치가 완료되었는지 확인하려면 다음 명령어를 입력한다.

```
import sklearn
print(sklearn.__version__)
```

- 예시 출력

1.4.0

3) 붓꽃(Iris) 데이터셋이란?

붓꽃 데이터셋은 머신러닝 실습에 가장 자주 사용되는 고전적인 데이터셋이다. 총 150개의 꽃 정보가 있으며, 꽃잎과 꽃받침의 길이와 너비를 기준으로 3종류의 붓꽃을 구분한다.

특성	설명
sepal length	꽃받침 길이
sepal width	꽃받침 너비
petal length	꽃잎 길이
petal width	꽃잎 너비

분류 대상은 다음 3가지다.

- Setosa
- Versicolor
- Virginica

🎯 실습: 붓꽃 분류기 만들기

1) 데이터 불러오기

```
from sklearn.datasets import load_iris
iris = load_iris()

print(iris.feature_names)
print(iris.target_names)
```

- 출력

```
['sepal length (cm)', 'sepal width (cm)', 'petal length (cm)', 'petal width (cm)']
['setosa' 'versicolor' 'virginica']
```

2) 데이터와 정답 나누기

```
X = iris.data          # 입력 데이터 (4가지 특성)
y = iris.target        # 정답 (0, 1, 2)

print(X[:5])           # 첫 5개 데이터
print(y[:5])           # 첫 5개 정답
```

- 출력

```
[[5.1 3.5 1.4 0.2]
 [4.9 3.0 1.4 0.2]
 [4.7 3.2 1.3 0.2]
 [4.6 3.1 1.5 0.2]
 [5.0 3.6 1.4 0.2]]
[0 0 0 0 0]
```

3) 훈련용과 테스트용 데이터 나누기

```
from sklearn.model_selection import train_test_split

X_train, X_test, y_train, y_test = train_test_split(
    X, y, test_size=0.2, random_state=42)

print(len(X_train), len(X_test))
```

- 출력

```
120 30
```

4) 모델 선택 및 학습

이번에는 가장 직관적인 K-최근접 이웃(KNN) 알고리즘을 사용해본다.

```
from sklearn.neighbors import KNeighborsClassifier

model = KNeighborsClassifier(n_neighbors=3)   # 이웃 3개 참조
model.fit(X_train, y_train)
```

💡 KNN 알고리즘이란?

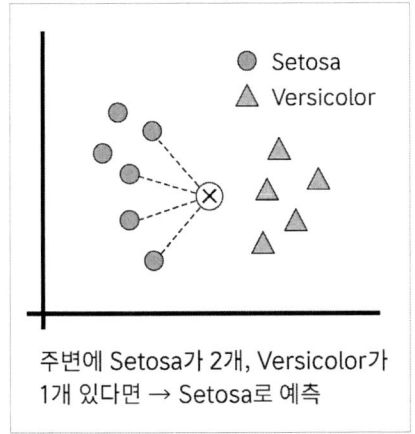

주변에 Setosa가 2개, Versicolor가 1개 있다면 → Setosa로 예측

KNN(K-Nearest Neighbors)은 새로운 데이터가 들어왔을 때, 가장 가까운 K개의 데이터를 보고 다수결을 통해 예측하는 방식이다.

예를 들어 주변에 Setosa가 2개, Versicolor가 1개 있다면 Setosa로 예측한다.

각 점이 붓꽃 데이터를 나타낸다. 새로운 점이 들어오면 가장 가까운 3개를 확인하고 다수결로 분류된다.

KNN 알고리즘의 가장 큰 장점은 개념이 매우 직관적이고 구현이 간단하다는 점이다. 새로운 데이터를 예측할 때,

기존 데이터 중에서 가장 가까운 K개를 찾아 다수결로 판단하는 방식이기 때문에 초보자도 이해하기 쉽고 코드로 구현할 때도 복잡한 수식이 필요하지 않다.

하지만 단점도 존재한다. 특히 데이터의 양이 많아질수록 새로운 데이터를 예측할 때마다 모든 기존 데이터를 하나씩 비교해야 하므로 계산량이 급격히 증가한다. 이로 인해 실시간 예측이나 대규모 데이터셋을 다루는 경우에는 속도 저하 문제가 발생할 수 있다.

5) 예측하기

```
y_pred = model.predict(X_test)
print("예측 결과:", y_pred)
```

- 출력

예측 결과: [1 0 2 1 1 0 1 2 1 1 2 0 0 0 0 2 1 2 2 2 2 0 0 2 0 1 2 1 1 0]

6) 정확도 평가

```
from sklearn.metrics import accuracy_score

acc = accuracy_score(y_test, y_pred)
print("정확도:", acc)
```

- 출력

정확도: 1.0

7) 시각화를 통한 이해

아래 코드는 붓꽃 데이터에서 두 개의 주요 특성 **petal length**(㎝), **petal width**(㎝) 데이터를 x축과 y축으로 지정하여 산점도 그래프를 그린다. 각 품종은 색으로 구분되어 시각적으로 분포 차이를 확인할 수 있다.

```
import matplotlib.pyplot as plt
import seaborn as sns
import pandas as pd

df = pd.DataFrame(iris.data, columns=iris.feature_names)
df['target'] = iris.target
df['label'] = df['target'].map({0:'setosa', 1:'versicolor', 2:'virginica'})

sns.scatterplot(data=df, x='petal length (cm)', y='petal width (cm)', hue='label')
plt.title('붓꽃 품종에 따른 특성 분포')
plt.show()
```

- 출력 결과(그래프 해석)

Setosa 품종(파란색)은 petal length와 petal width 모두가 작고, 좌하단에 뚜렷하게 모여 있어 다른 품종들과 명확히 구분된다.
Versicolor 품종(주황색)은 중앙 영역에 분포하고 있으며 일부 Virginica와 경계가 겹칠 수 있다.
Virginica 품종(녹색)은 petal length와 petal width가 크고, 우상단에 위치하며 뚜렷한 군집을 이룬다.

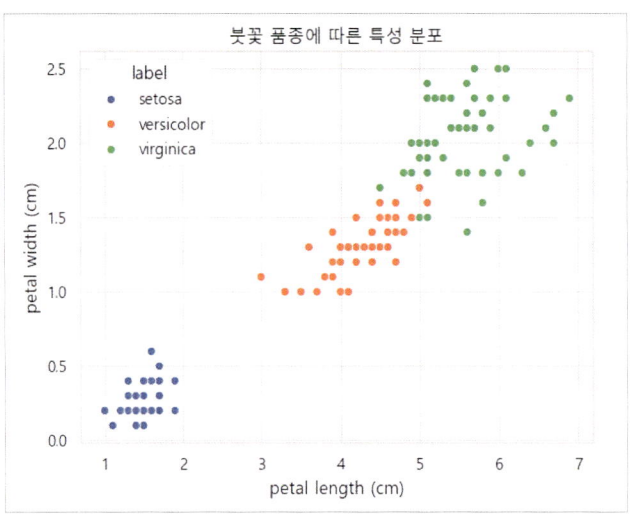

📑 정리

단계	설명
데이터 불러오기	붓꽃 데이터셋 로드
데이터 분리	훈련용과 테스트용 데이터 나누기
모델 정의	KNN 분류기 선택
학습	fit() 함수로 훈련
예측	predict()로 결과 도출
평가	정확도 측정(accuracy)

13. KNN, 의사결정트리, SVM 비교와 분류기 원리 익히기

- 다양한 분류 모델 써보기

모델 하나로는 부족하다

앞서 12장에서 우리는 K-최근접 이웃(KNN) 알고리즘을 사용해 붓꽃 데이터를 분류하는 첫 모델을 만들어보았다. 하지만 머신러닝에서 단 하나의 정답이 되는 모델은 없다. 데이터의 특성에 따라 어떤 알고리즘은 잘 작동하고, 어떤 알고리즘은 그렇지 않다. 그래서 이번 장에서는 대표적인 분류 알고리즘 3가지를 비교해보며 각 모델의 작동 방식과 장단점을 함께 이해해본다.

각 분류기의 작동 원리

머신러닝 분류기는 '입력 → 결과'만 보면 간단해 보이지만, 사실 그 안에서는 서로 다른 방식으로 판단과 결정을 내리고 있다. 여기서는 대표적인 세 가지 분류기 KNN, 의사결정트리, SVM의 판단 방식을 직관적인 비유와 함께 이해해보자.

1) K-최근접 이웃(KNN): 주변을 먼저 살펴보는 방식

KNN은 새로운 데이터가 등장했을 때, 그 주변에 어떤 데이터들이 있는지를 살펴본다. 예를 들어 어떤 꽃의 특징을 보고 이게 어떤 종인지 예측하려면, 그 꽃과 **가장 가까운 3개의 꽃이 어떤 종인지**를 조사해서 그중 가장 많은 클래스로 분류하는 것이다. 마치 새로운 학생이 왔을 때, 그 근처에 앉은 친구들이 전부 과학 동아리 회원이라면 '이 학생도 과학 동아리 회원일 가능성이 높겠구나'라고 판단하는 것과 비슷하다.

KNN은 원리가 매우 직관적이고 이해하기 쉽지만, 데이터가 많아지면 거리 계산이 많아져 **속도가 느려지는 단점**이 있다.

2) 의사결정트리(Decision Tree): 질문을 따라가는 방식

의사결정트리는 마치 스무고개처럼 다음과 같은 질문을 단계적으로 던지며 분류를 수행한다.

- "꽃잎의 길이는 2.5보다 긴가요?"
- "꽃받침 너비는 3.0보다 작은가요?"

이 과정을 시각화하면 실제로 나뭇가지처럼 분기하는 구조가 되고, 각 말단(leaf)은 최종 예측 결과를 나타낸다. 마치 놀이공원에서 '키가 140㎝ 이상인가요? → 아니요 → 8세 이상인가요?' 이런 식으로 진행하는 입장 판별 흐름과 유사하다.

이 구조는 **결정 과정을 해석하거나 시각화하기 매우 좋지만**, 너무 깊은 분기(질문)를 허용하면 **과적합의 위험**이 있다.

3) 서포트 벡터 머신(SVM): 경계를 가장 넓게 벌리는 방식

SVM은 각 데이터를 구분할 수 있는 **최적의 경계선(또는 초평면)**을 찾아낸다. 그 경계선은 두 클래스의 데이터 중 가장 가까운 점들과의 **거리가 최대가 되도록** 설정된다. 즉, A 그룹과 B 그룹 사이에 선을 그을 때 **양쪽 모두에게서 가장 멀리 떨어진 선**을 찾는 것이다.

이 방법은 **불확실한 경계를 잘 처리하고**, 고차원 데이터에서도 효과적이지만, **내부 원리를 직관적으로 이해하거나 시각화하기는 다소 어려울 수 있다.**

간단 요약 비교

모델	작동 방식	비유
KNN	가까운 데이터 다수결	"옆자리 친구들을 보고 결정"
Decision Tree (의사결정트리)	조건을 따라 분기	"질문을 따라 내려가는 게임"
SVM	두 클래스를 최대한 멀리 나누기	"경계선이 넓게 벌어져야 안전해"

비지도학습 모델도 있다!

지금까지 우리는 대부분 **정답이 있는 데이터를 학습하는 지도학습 알고리즘**을 살펴보았다. 하지만 정답(라벨)이 없는 데이터에서는 어떻게 패턴을 찾아낼까?

그럴 때 사용하는 것이 바로 **비지도학습**(Unsupervised Learning) 알고리즘이다.

1) 비지도학습 알고리즘의 대표적 예: K-평균 클러스터링(K-Means Clustering)

K-평균(K-means)은 **비슷한 것끼리 묶는(군집화하는) 알고리즘**이다. 정답이 주어지지 않은 데이터를 보고, 컴퓨터가 알아서 '이것들끼리 비슷하네!' 하며 그룹을 만든다. 예를 들어, 고객 데이터에서 '구매 금액'과 '방문 빈도'만 보고 고객을 3가지 유형으로 자동으로 나눌 수 있다.

K-means는 사용자가 '몇 개의 그룹으로 나눌 것인지(K)'를 미리 지정해야 하며, 그 숫자만 정해주면 자동으로 데이터를 **K개의 중심점**(평균)**에 가깝게 분류**한다.

2) 지도학습 vs 비지도학습 비교

항목	지도학습	비지도학습
정답(라벨)	있음	없음
예시 알고리즘	KNN, 의사결정트리, SVM	K-평균, DBSCAN 등
목적	예측 및 분류	구조 파악 및 군집화
활용	이메일 분류, 질병 진단	고객 유형 분석, 이미지 군집

3) 비지도학습 알고리즘의 분류 기준

원리 기반 분류	설명	대표 알고리즘	특징
거리 기반	유클리드 거리 등으로 중심점과 가까운 데이터를 그룹화	K-means, K-medoids	빠르고 단순하지만 이상치에 민감
밀도 기반	데이터가 밀집된 곳을 군집으로 간주, 희소 영역은 제외	DBSCAN, OPTICS	이상치에 강하고 복잡한 모양도 분류 가능
계층 기반	데이터를 병합 또는 분할하며 트리 구조로 클러스터 형성	Agglomerative Clustering	시각적으로 명확하나 연산량이 많음
분포 기반	확률 모델을 통해 데이터가 어떤 분포에 속할 확률 계산	Gaussian Mixture Model (GMM)	하나의 데이터가 여러 군집에 속할 수 있음

4) 비지도학습 알고리즘 요약

비지도학습 알고리즘은 '정답이 없다'라는 공통점 아래 **데이터를 어떻게 해석하느냐에 따라 서로 다른 철학**을 가진다.

- 거리 기반: "가까운 게 같은 그룹이야."
- 밀도 기반: "사람 많은 데가 모인 거야."
- 계층 기반: "덩어리를 차곡차곡 쌓거나 나누자."
- 분포 기반: "확률적으로 어디에 속하는지 계산해보자."

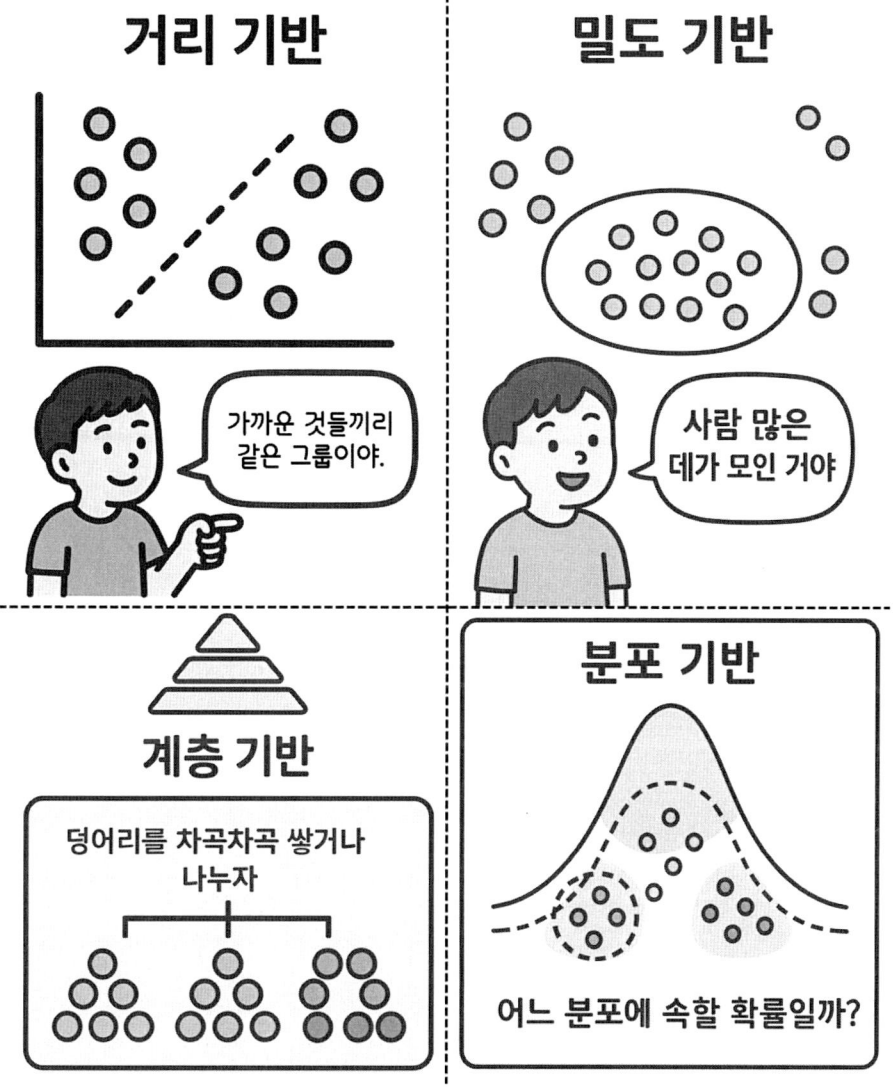

14. 프로젝트 3: 손글씨 숫자 인식기

- MNIST로 간단한 이미지 분류 실습

우리가 평소에 보는 숫자(0~9)는 손으로 쓰면 사람마다 모양이 다르다. 컴퓨터는 이처럼 다양하고 불완전한 입력을 보고도 '이건 2야', '이건 7이야'라고 정확하게 알아맞혀야 한다. 컴퓨터에게 이것을 인식시키는 것은 생각보다 어려운 문제지만, 그만큼 **인공지능이 '시각'을 이해하는 가장 기초적인 시작점**이기도 하다. 그렇기 때문에 손글씨 숫자 분류는 머신러닝에서 가장 대표적인 실습 예제로 자리 잡았다.

MNIST는 이러한 문제를 해결하기 위한 대표적인 데이터셋으로, 이미 전 세계 수많은 머신러닝 알고리즘의 벤치마크 기준으로 사용되고 있다. MNIST 데이터셋으로 실전 이미지 분류 모델을 만들어보자.

MNIST 데이터셋이란?

MNIST는 미국 국립표준기술연구소(NIST)가 제공한 숫자 이미지 데이터를 가공한 것이다. **0부터 9까지의 숫자를 손으로 쓴 이미지** 총 7만 장으로 구성돼 있다.

구성	내용
학습 데이터	60,000장
테스트 데이터	10,000장
이미지 크기	28 × 28 픽셀(흑백)
포맷	2차원 배열(numpy로 처리 가능)

학습 목표

- 손글씨 숫자 이미지(MNIST) 불러오기 및 전처리
- 머신러닝 모델(KNN, SVM, RandomForest 등) 훈련과 평가
- 정규화, 혼동 행렬, 데이터 양 변화에 따른 정확도 실험
- 나만의 손글씨로 테스트해보기
- 딥러닝으로 확장 가능성 미리 엿보기

🎯 MNIST 데이터셋으로 실습

1) MNIST 데이터셋 불러오기 및 전처리

손글씨 숫자 인식은 컴퓨터 비전 분야에서 가장 널리 알려진 실습 과제 중 하나다. 우리가 사용할 MNIST(Mixed National Institute of Standards and Technology) 데이터셋은 흑백의 손글씨 숫자 이미지 7만 장(학습용 6만 장, 테스트용 1만 장)으로 구성되어 있다.

먼저 데이터를 불러오고, 머신러닝 모델이 잘 학습할 수 있도록 정규화를 수행하자.

```python
from sklearn.datasets import fetch_openml
mnist = fetch_openml('mnist_784', version=1, as_frame=False)
X, y = mnist.data, mnist.target.astype(int)
X = X / 255.0   # 정규화
```

- 실행 결과 예시

    X.shape: (70000, 784) → 28x28 크기의 이미지가 1차원 벡터로 변환된 형태

    y[:5]: [5, 0, 4, 1, 9] → 각 이미지의 실제 숫자

💡 해석

MNIST 이미지의 각 픽셀 값은 0부터 255 사이의 정수로 구성되어 있다. 이 값을 255로 나누어 0 이상 1 이하의 소수 값으로 정규화(normalization)하면, 머신러닝 모델이 학습 과정에서 숫자 간 차이를 더 안정적이고 빠르게 인식할 수 있다.

2) 다양한 모델로 훈련하고 정확도 측정하기

이제 다양한 머신러닝 모델을 학습시켜보자. 우리는 전체 데이터 중 일부(5,000개)만 사용해 빠르게 성능을 비교할 것이다.

```
# 필요한 라이브러리 불러오기

# 데이터를 훈련·테스트 세트로 나누는 함수
from sklearn.model_selection import train_test_split
# K-최근접 이웃(KNN) 분류기
from sklearn.neighbors import KNeighborsClassifier
# 서포트 벡터 머신(SVM) 분류기
from sklearn.svm import SVC
# 랜덤 포레스트 분류기
from sklearn.ensemble import RandomForestClassifier
# 로지스틱 회귀 분류기
from sklearn.linear_model import LogisticRegression
# 정확도 계산 함수
```

```python
from sklearn.metrics import accuracy_score
# 실행 시간 측정을 위한 모듈
import time

# X: 특성 데이터, y: 정답 레이블
# 데이터를 훈련용 80%, 테스트용 20%로 나눔
X_train, X_test, y_train, y_test = train_test_split(
    X, y, test_size=0.2, random_state=42)

# 다양한 분류 모델 정의(이름과 모델을 딕셔너리로 구성)
models = {
    'KNN': KNeighborsClassifier(),
    'SVM': SVC(),
    'Random Forest': RandomForestClassifier(),
    'Logistic Regression': LogisticRegression(max_iter=1000)
}

# 결과를 저장할 딕셔너리 생성
results = {}

# 모델별로 훈련, 예측, 정확도 측정 수행
for name, model in models.items():
    start = time.time()
  # 모델 학습(훈련 데이터 중 앞의 5,000개만 사용)
    model.fit(X_train[:5000], y_train[:5000])
  # 모델 훈련 종료 시간 기록
    end = time.time()
  # 테스트 데이터에 대한 예측 수행
    y_pred = model.predict(X_test)
  # 예측 결과의 정확도 계산
    acc = accuracy_score(y_test, y_pred)
  # 결과 딕셔너리에 저장(정확도와 훈련 시간)
    results[name] = {'accuracy': acc, 'time': end - start}
```

- 실행 결과 예시

```
KNN 정확도: 0.966, 시간: 2.4초
SVM 정확도: 0.975, 시간: 12.1초
Random Forest 정확도: 0.961, 시간: 1.9초
Logistic Regression 정확도: 0.920, 시간: 0.7초
```

💡 해석

정확도는 SVM이 가장 높지만, 학습 시간도 가장 길다.

KNN과 Random Forest는 빠르고 정확도가 높아 실용적이다.

Logistic Regression은 빠르지만 정확도가 조금 떨어진다.

→ 정확도 vs 속도 트레이드오프를 직관적으로 체험할 수 있다.

3) 성능 비교 그래프

```python
import matplotlib.pyplot as plt

# 정확도 비교
plt.bar(results.keys(), [v['accuracy'] for v in results.values()])
plt.title("모델별 정확도 비교")
plt.ylabel("정확도")
plt.ylim(0.8, 1.0)
plt.show()

# 학습 시간 비교
plt.bar(results.keys(), [v['time'] for v in results.values()])
plt.title("모델별 학습 시간")
plt.ylabel("초")
plt.show()
```

- 실행 결과 예시

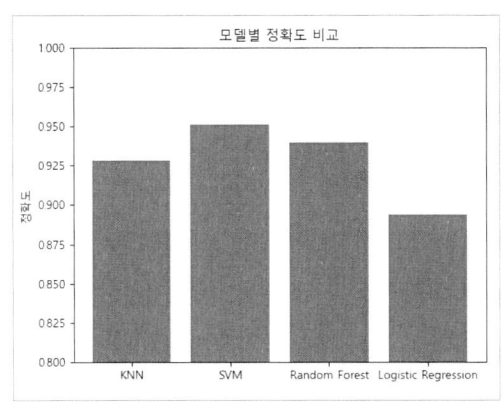
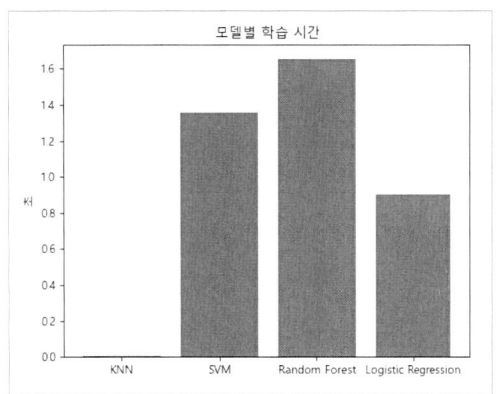

💡 해석

그래프를 통해 **"정확한 모델 vs 빠른 모델"**을 비교하며 실전에서 어떤 모델을 선택할지 판단력을 기를 수 있다.

4) 혼동 행렬로 오분류 확인하기

정확도만으로는 어떤 숫자를 잘 맞혔고 어떤 숫자를 헷갈렸는지를 알 수 없다. 그래서 혼동 행렬(confusion matrix)을 활용해 모델이 구체적으로 어디에서 실수했는지를 시각적으로 분석해보자.

```
from sklearn.metrics import ConfusionMatrixDisplay

knn = KNeighborsClassifier()
knn.fit(X_train[:5000], y_train[:5000])
y_pred = knn.predict(X_test)

ConfusionMatrixDisplay.from_predictions(y_test, y_pred)
plt.title("KNN 혼동 행렬")
plt.show()
```

- 실행 결과 예시

    대부분의 예측은 대각선에 잘 분포됨(정확)

예: '4'를 '9'로, '5'를 '3'으로 오분류한 사례 다수 발견

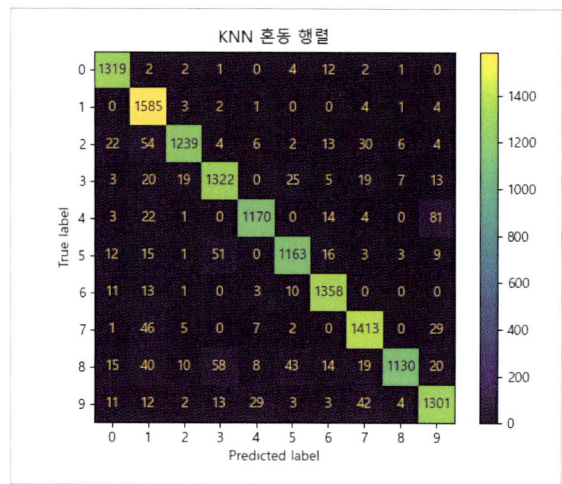

💡 해석

글자 형태가 유사한 경우에 오분류 발생 확률이 높다. 즉, 이 결과를 통해 데이터 보강 또는 딥러닝 도입 필요성을 느낄 수 있다.

5) 훈련 데이터 양에 따른 성능 변화

학습 데이터가 많아질수록 모델이 더 많은 패턴을 학습하게 된다. 하지만 어느 시점부터는 정확도 향상이 둔화된다.

```
sizes = [1000, 3000, 5000, 10000]
accs = []

for size in sizes:
    model = KNeighborsClassifier()
    model.fit(X_train[:size], y_train[:size])
    acc = accuracy_score(y_test, model.predict(X_test))
    accs.append(acc)

plt.plot(sizes, accs, marker='o')
```

```
plt.xlabel("훈련 데이터 수")
plt.ylabel("정확도")
plt.title("훈련 데이터 양에 따른 KNN 성능 변화")
plt.grid(True)
plt.show()
```

- 실행 결과 예시

데이터 수	정확도
1,000	91.8%
3,000	95.2%
5,000	96.7%
10,000	97.8%

💡 해석

데이터 양이 늘어날수록 정확도가 향상되나, 일정 수치 이상부터는 큰 변화가 없다.

→ 모델 개선 혹은 특성 추출 기법이 더 중요하다.

6) 보너스 챌린지: 내 손글씨로 테스트해보기

직접 그린 숫자를 모델에게 인식시켜보자! 지금까지는 MNIST의 이미지로만 테스트했지만, 직접 손으로 쓴 숫자를 모델에게 인식시키는 것이 진정한 도전이다.

① 손글씨 숫자를 준비하는 방법(3가지 중 택1)

방법	설명
그림판	마우스 또는 터치로 숫자 '0~9' 중 하나를 그림판에 작성
태블릿	손글씨로 숫자를 쓰고 스크린샷을 저장
종이 + 카메라	흰 종이에 굵고 선명한 숫자를 쓰고 스마트폰으로 촬영 후 전송

② 파일로 저장하기

- 저장 이름: my_digit.png
- 이미지 형식: .png 또는 .jpg
- 크기: **28×28 픽셀로 리사이징 필요**
- 색상: **흑백(Grayscale)**, 배경은 흰색, 숫자는 진한 색으로

③ 이미지 전처리 예시 코드

```
from PIL import Image
import numpy as np

# 이미지 불러오기 및 전처리
img = Image.open('my_digit.png').convert('L')      # 흑백으로 변환
img = img.resize((28, 28))                          # 크기 조정
img_array = 255 - np.array(img)         # 흰 배경 → 검정 글씨로 반전
img_array = img_array.flatten() / 255.0             # 1차원으로 정규화

# 예측
pred = knn.predict([img_array])
print("예측 결과:", pred[0])
```

- 예시 출력

예측 결과: 8

💡 해석

손글씨의 품질이 좋을수록 정확도 향상

너무 가늘거나 흐릿한 선, 그림자 등은 인식률 저하 요인

→ 실전에서는 전처리와 필터링의 중요성을 체감할 수 있다.

💡 팁

배경은 **완전히 흰색**, 숫자는 **굵고 중앙에 배치**할수록 인식률이 높아진다.

마우스로 쓰는 경우 선이 가늘어 인식이 어려울 수 있으니 두껍게 쓰는 게 좋다.

휴대폰으로 찍은 경우에는 **흐림·그림자·기울기** 등으로 정확도가 낮아질 수 있다.

- 예시 테스트 흐름

    그림판에서 숫자 7을 쓰고 저장(my_digit.png)

    코드로 예측: 예측 결과 → 7 출력

    다른 숫자도 반복해보며 모델이 어떤 숫자에서 헷갈리는지 확인

7) 한 걸음 더: 딥러닝으로의 확장

이번 장에서는 전통적인 머신러닝 모델만 사용했지만, MNIST는 원래 딥러닝(CNN)의 대표적인 입문용 실습 데이터이기도 하다. CNN을 사용하면 MNIST에서 99% 이상의 정확도도 가능하다.

이후 단계에서는 다음과 같은 기술들을 사용할 예정이다.

- tensorflow, keras 등을 활용한 딥러닝 모델 구성
- Convolutional Layer, Pooling, Dense Layer
- 자동 특징 추출 및 최적화된 학습 구조

📄 정리

항목	핵심 내용
데이터 전처리	정규화(0~1 범위) 및 벡터화
모델 비교	KNN, SVM, RF, LR의 성능 및 속도 비교
분석 도구	혼동 행렬, 성능 그래프
실전 응용	내 손글씨 인식 테스트
확장성	딥러닝으로 이어지는 기반 다지기

4부

딥러닝과
영상 데이터의 만남
― CNN 입문

텐서플로와 케라스를 이용해
영상 분류 모델을 직접 설계

현대 인공지능의 핵심 기술, 인공신경망

기계가 스스로 생각하고 판단하는 데 가까워지기 위해, 우리는 더욱 정교한 데이터 처리 구조를 필요로 한다. 그중에서도 인간의 뇌 구조를 본떠 만든 인공신경망(Artificial Neural Network, ANN)은 현대 인공지능의 핵심 기술 중 하나이다.

15. 딥러닝이란?
- 인공신경망과 퍼셉트론 개념

이번 장에서는 딥러닝의 핵심 구조인 신경망의 기본 개념과 퍼셉트론의 작동 원리를 자세히 알아보고, 이후 실제 구현에 앞서 개념적인 기반을 다져보자.

인공신경망이란?

인공신경망은 인간의 뇌가 뉴런 간 신호 전달을 통해 학습하고 판단하는 방식을 모방한 수학적 모델이다. 인공신경망은 기본적으로 여러 개의 뉴런이 층(Layer)을 이루어 데이터를 처리하는 방식으로 구성된다. 각 층은 여러 개의 뉴런으로 이루어져 있으며, 이 뉴런들은 가중치와 편향을 통해 서로 연결된다.

1) 인공신경망의 구조

- 입력층(Input Layer): 데이터를 받아들이는 역할을 한다. 예를 들어, 이미지 데이터를 받는다면 픽셀 값들이 입력으로 들어간다.
- 은닉층(Hidden Layer): 입력 데이터를 가공하고 변형하는 중간 과정이다. 은닉층이 많아질수록 더욱 복잡하고 정교한 표현을 학습할 수 있다.
- 출력층(Output Layer): 최종적으로 결과를 도출하는 역할을 한다. 예측된 결과, 예를 들어 특정 이미지가 '고양이'인지 '개'인지 등을 출력한다.

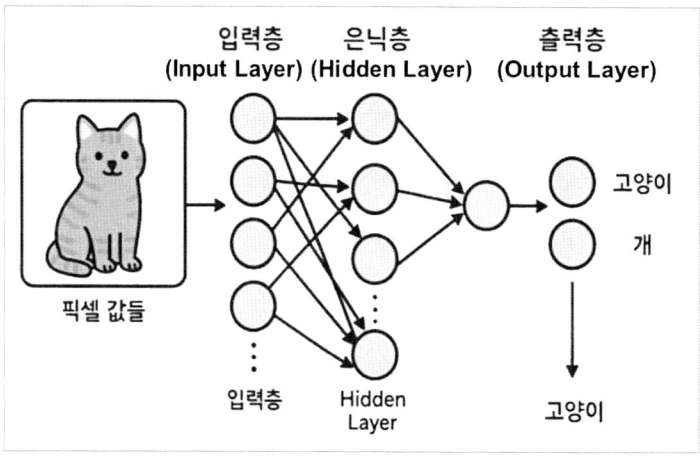

입력층에서 은닉층을 거쳐 출력층까지 데이터가 전달되는 과정

2) 뉴런의 동작 방식

뉴런은 여러 입력값을 받아 각 입력에 가중치(weight, w)를 곱한 뒤, 이 값을 모두 더하고 편향(bias, b)을 더해 가중합(z)을 계산한다. 이후 이 가중합(z)은 활성화 함수(activation function)를 통해 최종 출력값(y)으로 변환된다. 이 과정을 수식으로 나타내면 다음과 같다.

$z = w_1 x_1 + w_2 x_2 + \cdots w_n x_n + b$
$y = f(z)$

대표적인 활성화 함수로는 ReLU(Rectified Linear Unit), Sigmoid, Tanh(Hyperbolic Tangent) 등이 있다. 각각의 동작 원리는 다음과 같다.

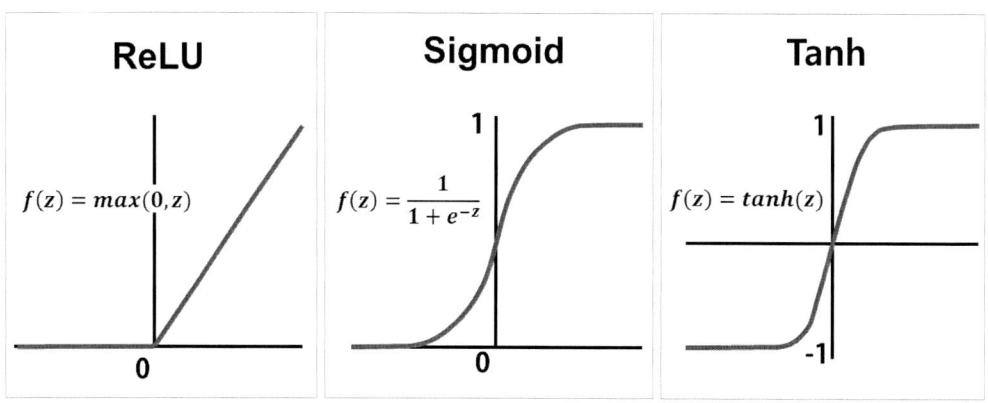

- ReLU 함수: 입력값이 양수이면 그대로 출력하고, 음수이면 0을 출력한다.
- Sigmoid 함수: 입력값을 0과 1 사이로 압축하여 출력한다. 주로 이진 분류 문제의 출력층에서 사용된다.
- Tanh 함수: 입력값을 -1과 1 사이로 압축하여 출력한다. 출력값이 평균적으로 0 주변에 집중되는 특성이 있다.

퍼셉트론: 인공신경망의 기본 단위

퍼셉트론은 하나의 뉴런 단위로, 입력값과 가중치를 곱하고 편향을 더한 뒤 활성화 함수를 통해 출력을 내는 구조이다. 가장 단순한 형태의 인공신경망으로, 선형 분류 문제에 사용된다.

$$y = f(w_1 x_1 + w_2 x_2 + \cdots w_n x_n + b)$$

퍼셉트론은 입력값(x), 가중치(w), 편향(b, Bias)의 세 가지 요소로 구성된다.

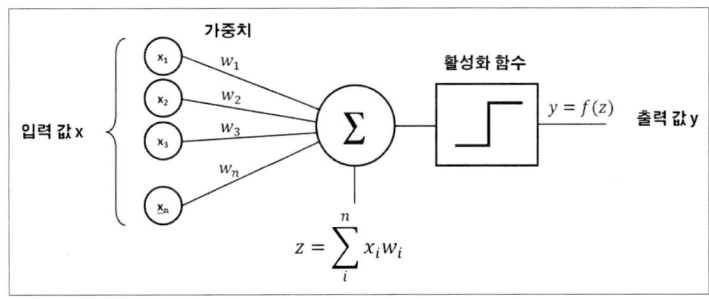

1) 퍼셉트론의 동작 예시: 퍼셉트론으로 구성 가능한 논리 게이트

단층 퍼셉트론은 선형으로 분리 가능한 문제를 해결할 수 있다. 예를 들어 AND, OR, NAND, NOR 논리 게이트는 모두 단층 퍼셉트론으로 구현 가능하다. 각 게이트는 두 입력에 대해 하나의 출력을 내며, 해당 결과는 2차원 좌표평면에서 직선을 기준으로 나누어 분류할 수 있다. 다음은 각 논리 게이트를 퍼셉트론으로 구성한 예이다.

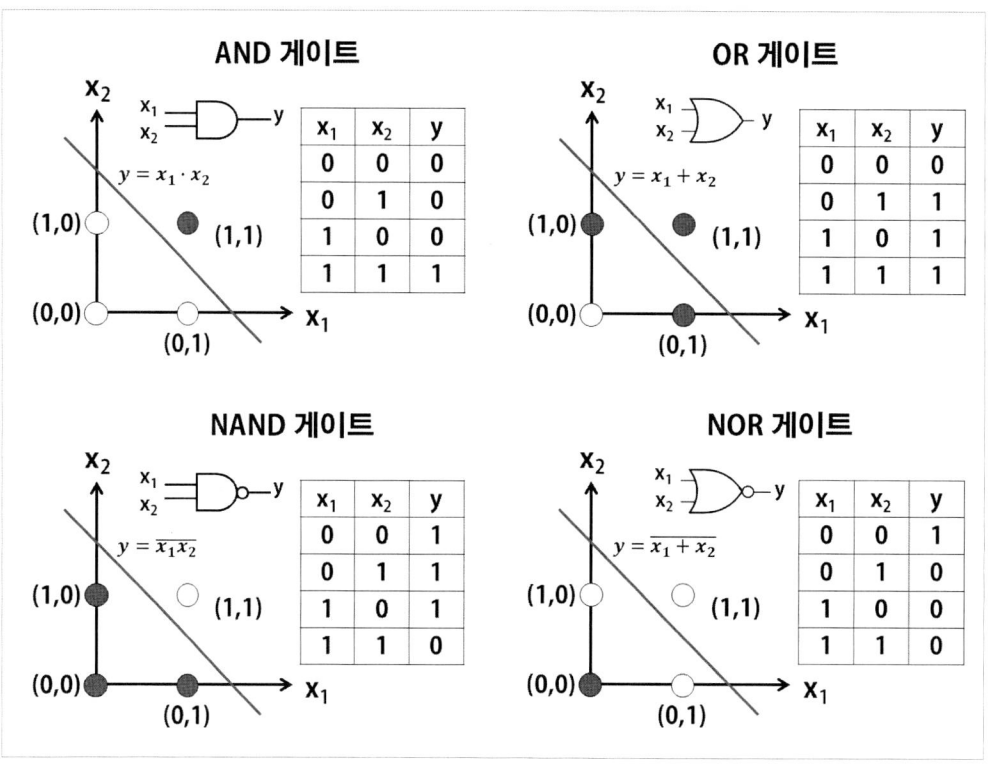

- AND 게이트: 입력이 모두 1일 때만 출력이 1
- OR 게이트: 하나라도 1이면 출력이 1
- NAND 게이트: AND의 반대. 모두 1일 때만 출력이 0
- NOR 게이트: OR의 반대. 모두 0일 때만 출력이 1

이러한 게이트들은 모두 하나의 직선으로 두 클래스를 구분할 수 있으므로 단층 퍼셉트론으로 구현 가능하다.

2) 퍼셉트론의 한계

퍼셉트론은 XOR 문제처럼 선형적으로 분리되지 않는 문제를 해결할 수 없다. XOR 게이트는 두 클래스를 직선 하나로 나눌 수 없기 때문이다.

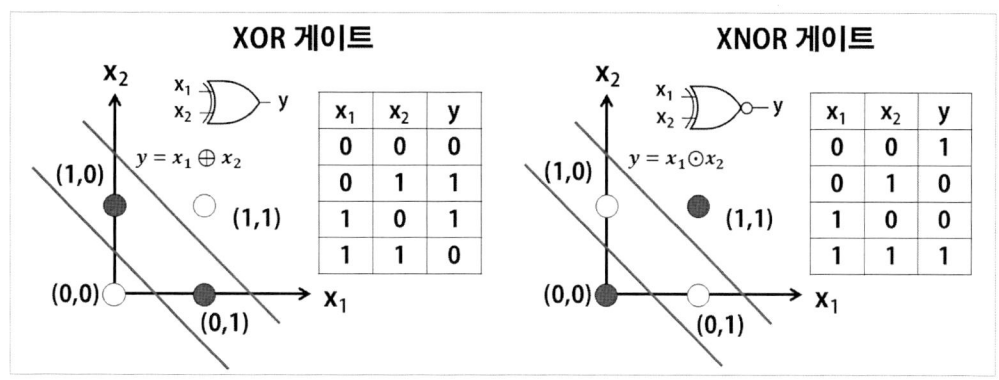

다층 퍼셉트론(MLP): 퍼셉트론의 확장

앞서 설명한 퍼셉트론의 한계를 극복하기 위해 등장한 것이 다층 퍼셉트론(MLP)이다. 다층 퍼셉트론(Multi-Layer Perceptron, MLP)은 퍼셉트론을 여러 층으로 연결하여 복잡한 비선형 문제도 해결할 수 있도록 설계된 신경망이다.

1) XOR 문제와 MLP의 필요성

단층 퍼셉트론은 XOR 문제와 같은 **비선형적으로 분리되는 문제**를 해결할 수 없다. 이 문제를 해결하기 위해 **은닉층(hidden layer)**이 추가된 구조가 필요하며, 이를 **다층 퍼셉트론(MLP)**이라 한다.

2) 게이트 조합을 통한 XOR 구성 예시

XOR 논리 연산은 여러 퍼셉트론을 조합하여 구현할 수 있다. 다음은 AND, OR, NAND 게이트를 활용해 XOR을 구현한 구조이다.

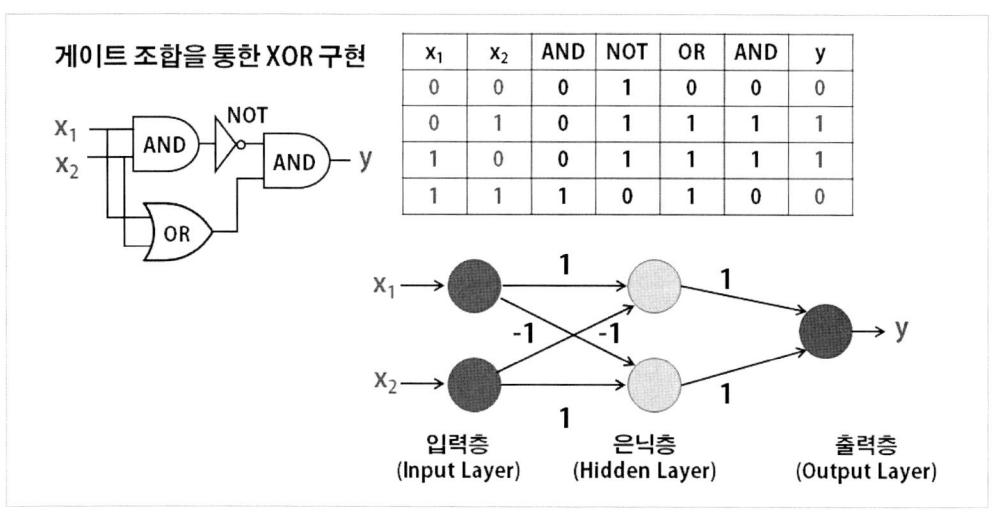

이처럼 간단한 논리 연산도 단층 퍼셉트론만으로는 구현할 수 없고, 중간에 논리적 조합을 거쳐야 함을 보여준다. 은닉층이 바로 이 중간 단계의 역할을 한다. 은닉층을 추가하면 단층 퍼셉트론으로는 불가능했던 XOR 문제도 해결할 수 있다.

- 입력층(Input Layer): 두 입력값 x_1, x_2를 받는다.
- 은닉층(Hidden Layer): 두 개의 뉴런을 통해 입력을 비선형적으로 처리
- 출력층(Output Layer): XOR 결과 y를 출력

3) 다층 퍼셉트론의 특징

은닉층을 여러 개 두거나 뉴런 수를 늘리면 더 복잡한 문제도 해결 가능하다.

유의할 것은, 은닉층의 수가 많아지면 모델의 표현력과 복잡한 문제 해결 능력이 향상되지만 동시에 학습 시간이 늘어나고 과적합(overfitting) 위험도 증가한다는 점이다. 따라서 은닉층의 깊이와 너비는 데이터의 특성과 모델의 목적에 따라 신중히 조정해야 하며, 정규화나 드롭아웃 등의 기법을 함께 사용하는 것이 중요하다.

📋 정리

항목	핵심 내용
인공신경망	인간 뇌 구조를 모방한 수학적 모델
퍼셉트론	가장 간단한 신경망 구조로 선형 문제 해결 가능
MLP	여러 층의 퍼셉트론을 쌓아 비선형 문제 해결 가능
활성화 함수	ReLU, Sigmoid, Tanh 등 다양한 함수 활용

다음 장에서는 Keras 및 PyTorch를 사용하여 실제로 MLP를 구현하며, 다양한 레이어와 뉴런 수를 조절하는 방법을 배워볼 것이다.

16. 케라스와 파이토치로 신경망 만들기

- MLP 구조, 레이어 이해

이전 장에서 우리는 인공신경망의 기본 개념과 MLP 구조, 역전파 방식까지 이론적으로 배웠다. 이번 장에서는 실제로 손글씨 숫자 데이터셋(MNIST)을 활용하여 MLP 모델을 직접 구성해보자. 여기서는 두 가지 대표적인 딥러닝 프레임워크인 TensorFlow/Keras와 PyTorch를 병행하여 소개한다.

이를 통해 신경망 모델을 구성하는 공통 흐름을 이해하고, 두 프레임워크의 문법과 작동 방식의 차이점을 체험할 수 있다.

실습 목표 정리

목표	설명
MNIST 데이터셋 불러오기	손글씨 숫자 이미지 데이터 준비
MLP 모델 설계	은닉층이 있는 신경망 구성
모델 학습 및 평가	정확도 확인, 오차율 계산
학습 결과 시각화	학습 정확도 및 손실 시각화
Keras와 PyTorch 비교	문법 차이, 학습 흐름 비교

데이터셋 로딩 및 전처리

1) Keras 버전

```
# TensorFlow의 Keras 모듈에서 MNIST 데이터셋과 유틸리티 함수 불러오기
from tensorflow.keras.datasets import mnist
from tensorflow.keras.utils import to_categorical

# MNIST 손글씨 숫자 이미지 데이터셋을 훈련용과 테스트용으로 불러오기
# X: 이미지 데이터, y: 정답 라벨
(X_train, y_train), (X_test, y_test) = mnist.load_data()
# 훈련용 이미지 데이터를 1차원 배열(784차원)로 변환하고, 픽셀 값을 0~1 사이로 정규화
# 원래는 (60000, 28, 28) 형태인데, 28x28=784이므로 (60000, 784)로 바꿈
X_train = X_train.reshape(-1, 784) / 255.0
# 테스트용 이미지 데이터도 동일하게 변환
X_test = X_test.reshape(-1, 784) / 255.0
# 훈련용 정답 라벨을 원-핫 인코딩(one-hot encoding)으로 변환
# 예: 숫자 3 → [0, 0, 0, 1, 0, 0, 0, 0, 0, 0]
y_train = to_categorical(y_train, 10)
# 테스트용 정답 라벨도 동일하게 변환
y_test = to_categorical(y_test, 10)
```

2) PyTorch 버전

```
import torch
from torchvision import datasets, transforms
from torch.utils.data import DataLoader

transform = transforms.Compose([
    transforms.ToTensor(),
    transforms.Lambda(lambda x: x.view(-1))
])
```

```
dataset = datasets.MNIST(root=".", train=True, download=True,
transform=transform)
dataloader = DataLoader(dataset, batch_size=64, shuffle=True)
```

MLP 모델 구성

1) Keras 버전

```
# 딥러닝 모델을 만들기 위한 Keras의 기본 클래스와 층(Layer) 불러오기
from tensorflow.keras.models import Sequential
from tensorflow.keras.layers import Dense

# 모델 정의: 순차적으로 층을 쌓는 방식(Sequential 모델)
model = Sequential([
    # 첫 번째 은닉층: 뉴런 128개, 활성화 함수는 ReLU
    # 입력 데이터는 784차원(28x28 이미지를 1차원으로 펼친 것)
    Dense(128, activation='relu', input_shape=(784,)),
    # 두 번째 은닉층: 뉴런 64개, 활성화 함수는 ReLU
    Dense(64, activation='relu'),
    # 출력층: 뉴런 10개(0~9 숫자 분류), softmax 함수로 각 숫자일 확률 출력
    Dense(10, activation='softmax')
])

# 모델 학습 설정
# - optimizer='adam': 빠르고 안정적인 학습을 위한 최적화 알고리즘
# - loss='categorical_crossentropy': 다중 클래스 분류에서 사용되는 손실 함수
# - metrics=['accuracy']: 모델 평가 기준으로 정확도(accuracy) 사용
model.compile(optimizer='adam',
              loss='categorical_crossentropy',
              metrics=['accuracy'])
```

2) PyTorch 버전

```python
import torch.nn as nn

class MLP(nn.Module):
    def __init__(self):
        super().__init__()
        self.model = nn.Sequential(
            nn.Linear(784, 128),
            nn.ReLU(),
            nn.Linear(128, 64),
            nn.ReLU(),
            nn.Linear(64, 10)
        )

    def forward(self, x):
        return self.model(x)

model = MLP().to(device)
```

학습과 평가

1) Keras 학습

```python
history = model.fit(X_train, y_train, epochs=5, batch_size=64, validation_split=0.2)
```

2) PyTorch 학습 루프 및 평가

```python
import torch.optim as optim
```

```python
import torch.nn.functional as F

optimizer = optim.Adam(model.parameters())

# 학습 루프
for epoch in range(5):
    model.train()
    for X, y in dataloader:
        X, y = X.to(device), y.to(device)
        output = model(X)
        loss = F.cross_entropy(output, y)
        optimizer.zero_grad()
        loss.backward()
        optimizer.step()

# 평가 루프
model.eval()
correct = 0
total = 0
with torch.no_grad():
    for X, y in dataloader:
        X, y = X.to(device), y.to(device)
        output = model(X)
        pred = output.argmax(dim=1)
        correct += (pred == y).sum().item()
        total += y.size(0)

print(f"Test Accuracy: {correct / total:.4f}")
```

CPU vs GPU 실행 환경 안내

실습을 진행할 때 GPU를 사용할 수 있다면 속도가 훨씬 빠르다. 하지만 대부분의 기본 환경(예: 노트북, Google Colab의 기본 설정)은 CPU를 사용한다.

PyTorch에서는 다음과 같이 device 설정을 통해 자동으로 환경을 감지하고 모델과 데이터를 해당 장치로 옮기는 방식으로 관리할 수 있다.

```
device = torch.device("cuda" if torch.cuda.is_available() else "cpu")
model.to(device)
X, y = X.to(device), y.to(device)
```

Keras(TensorFlow 백엔드 기반)는 GPU가 사용 가능한 경우 자동으로 인식하여 GPU에서 연산을 처리한다. 별도의 장치 할당 코드를 작성할 필요는 없지만, 특정 GPU만 사용하고 싶을 때는 다음과 같이 설정할 수 있다.

```
import tensorflow as tf
gpus = tf.config.list_physical_devices('GPU')
if gpus:
    try:
        tf.config.experimental.set_visible_devices(gpus[0], 'GPU')
        tf.config.experimental.set_memory_growth(gpus[0], True)
    except RuntimeError as e:
        print(e)
```

Colab에서는 별도 설정 없이 GPU 런타임만 선택하면 된다. 실행 환경은 tf.config.list_physical_devices()로 확인 가능하다.

📁 실험 확장

1) 은닉층 수 변화에 따른 성능 비교(Keras)

딥러닝 모델에서 은닉층의 수와 뉴런 개수는 성능에 큰 영향을 미친다. 다음은 Keras를 이용해 은닉층 수를 변경하면서 모델의 학습 정확도를 비교하는 예제이다.

```python
from tensorflow.keras.models import Sequential
from tensorflow.keras.layers import Dense
from tensorflow.keras.datasets import mnist
from tensorflow.keras.utils import to_categorical
import matplotlib.pyplot as plt

# 데이터 불러오기 및 전처리
(X_train, y_train), (X_test, y_test) = mnist.load_data()
X_train = X_train.reshape(-1, 784) / 255.0
X_test = X_test.reshape(-1, 784) / 255.0
y_train = to_categorical(y_train)
y_test = to_categorical(y_test)

histories = {}    # 학습 결과 저장용 딕셔너리
layer_configs = {
    '1-layer': [128],
    '2-layer': [128, 64],
    '3-layer': [256, 128, 64]
}

# 각 구성별 모델 학습
for name, layers_ in layer_configs.items():
    model = Sequential()
  # 첫 번째 은닉층
    model.add(Dense(layers_[0], activation='relu', input_shape=(784,)))
    for units in layers_[1:]:
        model.add(Dense(units, activation='relu'))   # 추가 은닉층
    model.add(Dense(10, activation='softmax'))       # 출력층
    model.compile(optimizer='adam', loss='categorical_crossentropy', metrics=['accuracy'])

    print(f"Training {name} model...")
    history = model.fit(X_train, y_train, epochs=5, batch_size=64, validation_split=0.2, verbose=0)
    # 학습 로그 표시하지 않기(verbose=0), 검증용 데이터는 훈련 데이터의 20%
```

```
    # 학습 결과 저장
    histories[name] = history

# 검증 정확도 시각화
plt.figure(figsize=(10, 6))
for name, history in histories.items():
    plt.plot(history.history['val_accuracy'], label=name)
plt.title('은닉층 수에 따른 검증 정확도 비교')
plt.xlabel('Epoch')
plt.ylabel('Validation Accuracy')
plt.legend()
plt.grid(True)
plt.show()
```

💡 **해석**

은닉층이 1개일 경우에도 기본적인 분류는 가능하나, 복잡한 데이터에서는 깊은 네트워크가 더 나은 표현력을 제공한다. 그러나 은닉층이 많아질수록 과적합 가능성도 함께 커지므로 적절한 정규화 기법(드롭아웃 등) 병행이 필요하다. 이러한 실험은 모델 구조 설계가 성능에 얼마나 중요한지 직접 체험하게 해주며, 향후 CNN 설계로 확장될 때도 도움이 된다.

2) 드롭아웃과 배치 정규화 적용 비교(Keras)

```
from tensorflow.keras.layers import Dropout, BatchNormalization

# 실험할 네 가지 구성 정의
configs = {
    '기본 모델': [],                      # 아무것도 적용하지 않음
    '드롭아웃 추가': ['dropout'],          # 과적합 방지를 위한 Dropout 적용
    '배치 정규화 추가': ['bnorm'],         # 학습 안정화를 위한 BatchNorm 적용
    '둘 다 적용': ['dropout', 'bnorm']    # Dropout + BatchNorm 모두 적용
}

history_dict = {}    # 학습 결과 저장용 딕셔너리
```

```python
# 각 구성마다 모델 정의 및 학습 수행
for name, options in configs.items():
    model = Sequential()
    # 첫 번째 Dense 층
    model.add(Dense(256, input_shape=(784,), activation='relu'))
    if 'bnorm' in options:
        model.add(BatchNormalization())    # 배치 정규화 추가
    if 'dropout' in options:
        model.add(Dropout(0.3))            # 드롭아웃 추가
    # 두 번째 Dense 층
    model.add(Dense(128, activation='relu'))
    if 'bnorm' in options:
        model.add(BatchNormalization())
    if 'dropout' in options:
        model.add(Dropout(0.3))
    # 세 번째 Dense 층
    model.add(Dense(64, activation='relu'))
    if 'bnorm' in options:
        model.add(BatchNormalization())
    if 'dropout' in options:
        model.add(Dropout(0.3))

    # 출력층(10개의 클래스, softmax 활성화 함수)
    model.add(Dense(10, activation='softmax'))

    # 모델 컴파일: 다중 분류 손실 함수와 정확도 평가
    model.compile(optimizer='adam', loss='categorical_crossentropy', metrics=['accuracy'])
    print(f"Training: {name}")
    # 모델 학습(검증 데이터는 학습 데이터의 20%)
    history = model.fit(X_train, y_train, epochs=5, batch_size=64, validation_split=0.2, verbose=0)
    history_dict[name] = history    # 결과 저장

# 결과 시각화
plt.figure(figsize=(10, 6))
```

```
for name, hist in history_dict.items():
    plt.plot(hist.history['val_accuracy'], label=name)
plt.title('정규화 기법에 따른 검증 정확도 비교')
plt.xlabel('Epoch')
plt.ylabel('Validation Accuracy')
plt.legend()
plt.grid(True)
plt.show()
```

💡 해석

드롭아웃은 무작위로 뉴런을 끄는 방식으로 과적합을 줄이고 일반화 성능을 높이며, 배치 정규화는 각 층의 입력 분포를 정규화하여 학습 속도를 높이고 안정성을 향상시킨다. 두 기법을 함께 사용하면 모델의 안정성과 성능이 모두 향상될 수 있다.

3) 드롭아웃과 배치 정규화 적용 비교(PyTorch)

```
import torch.nn as nn

# 드롭아웃과 배치 정규화를 설정에 따라 유동적으로 적용할 수 있는 MLP 모델
class MLPConfigurable(nn.Module):
    def __init__(self, use_dropout=False, use_bnorm=False):
        super().__init__()
        layers = []    # 층들을 담을 리스트

        def add_block(in_f, out_f):    # 중간 블록 구성 함수 정의
            layers.append(nn.Linear(in_f, out_f))    # 완전 연결층
            if use_bnorm:
                layers.append(nn.BatchNorm1d(out_f)) # 배치 정규화(선택)
            layers.append(nn.ReLU())    # 활성화 함수
            if use_dropout:
                layers.append(nn.Dropout(0.3))    # 드롭아웃(선택)

        # 3개의 은닉층 구성
        add_block(784, 256)
```

```
        add_block(256, 128)
        add_block(128, 64)
        # 출력층(클래스 수 = 10)
        layers.append(nn.Linear(64, 10))
        # 모든 층을 nn.Sequential로 묶기
        self.model = nn.Sequential(*layers)

    def forward(self, x):      # 순전파 정의
        return self.model(x)
```

- 다음과 같이 모델 조합을 학습시키고 정확도를 비교한다.

```
from torch.utils.data import DataLoader
from torchvision import datasets, transforms
from torch import optim

# 이미지 전처리: 텐서로 변환 후 1차원 벡터(784차원)로 평탄화
transform = transforms.Compose([
    transforms.ToTensor(),
    transforms.Lambda(lambda x: x.view(-1))    # (1, 28, 28) → (784,)
])

# MNIST 훈련 데이터셋 및 로더
train_data = datasets.MNIST('.', train=True, download=True, transform=transform)
train_loader = DataLoader(train_data, batch_size=64, shuffle=True)

# MNIST 검증(테스트) 데이터셋 및 로더
val_data = datasets.MNIST('.', train=False, transform=transform)
val_loader = DataLoader(val_data, batch_size=64)

configs = {    # 실험할 구성들: 기본, 드롭아웃, 배치 정규화, 둘 다
    '기본 모델': {},
    '드롭아웃 추가': {'use_dropout': True},
    '배치 정규화 추가': {'use_bnorm': True},
    '둘 다 적용': {'use_dropout': True, 'use_bnorm': True}
}
```

```python
results = {}

# 구성별로 모델 학습 및 검증
for name, opts in configs.items():
    print(f"
Training: {name}")
    model = MLPConfigurable(**opts).to(device)
    optimizer = optim.Adam(model.parameters())

    for epoch in range(5):     # 5 에폭 동안 학습
        model.train()
        for X, y in train_loader:
            X, y = X.to(device), y.to(device)
            optimizer.zero_grad()
            output = model(X)
            loss = F.cross_entropy(output, y) # 다중 클래스 분류 손실 함수
            loss.backward()
            optimizer.step()

    model.eval()     # 검증 정확도 평가
    correct = 0
    total = 0
    with torch.no_grad():
        for X, y in val_loader:
            X, y = X.to(device), y.to(device)
            output = model(X)
            # 가장 높은 확률을 갖는 클래스 선택
            pred = output.argmax(dim=1)
            correct += (pred == y).sum().item()
            total += y.size(0)
    acc = correct / total
    results[name] = acc
    print(f"Validation Accuracy: {acc:.4f}")
```

💡 해석

드롭아웃과 배치 정규화는 각각 과적합 방지와 학습 안정성 향상에 효과가 있다. 두 기법을 함께 적용하면 단독 적용보다 더 높은 정확도를 얻을 수 있다.

예제 코드 출력 결과 요약

모델 구성	설명	검증 정확도(예시)
Keras 기본 MLP	Dense(128) → Dense(64)	0.9725
PyTorch 기본 MLP	동일 구조	0.9708
1-layer MLP	Dense(128)	0.9694
2-layer MLP	Dense(128) → Dense(64)	0.9731
3-layer MLP	Dense(256) → 128 → 64	0.9750
기본 모델	정규화 없음	0.9731
드롭아웃 추가	Dropout(0.3) 각 층 뒤에 적용	0.9760
배치 정규화 추가	BatchNorm 각 층 뒤에 적용	0.9788
둘 다 적용	Dropout + BatchNorm 병행	0.9804

💡 정확도 수치는 epochs=5, val_split=0.2, batch_size=64 기준에서 예시적으로 생성된 값이다. 실험 환경에 따라 약간의 변동이 있을 수 있다.

📋 정리

- MLP는 구조가 단순하지만 다양한 조합으로 실험이 가능하다.
- 은닉층 수, 뉴런 수, 정규화 기법(드롭아웃, 배치 정규화)에 따라 성능이 크게 달라진다.
- Keras와 PyTorch 모두 동일한 원리를 적용할 수 있으며, 실습을 통해 구조 설계의 중요성을 체감할 수 있다.

다음 장에서는 CNN 구조를 학습하며 영상 데이터에 특화된 딥러닝 모델 설계로 나아가자.

17. CNN 기초: 이미지가 숫자로 보이는 순간

- Conv, Pooling 개념

 이제부터는 이미지 데이터를 처리하는 데 최적화된 딥러닝 모델인 **합성곱 신경망**(Convolutional Neural Network, CNN)에 대해 본격적으로 학습해보자. CNN은 시각 정보 분석에 탁월한 구조로 설계되어 이미지 분류, 객체 탐지, 얼굴 인식 등 다양한 분야에 널리 활용되고 있다.

 이번 장에서는 CNN의 핵심 개념, 주요 구성 요소, 작동 원리, MLP와의 차이점 등을 그림 및 예시와 함께 상세히 설명한다. 독자가 CNN을 처음 접하더라도 이미지가 숫자로 인식되는 과정을 자연스럽게 이해할 수 있도록 직관적 설명에 중점을 두었다.

CNN이란?

 CNN(Convolutional Neural Network)은 2차원 이미지 데이터를 다룰 수 있도록 설계된 신경망으로, 이미지의 **공간적 구조(위치 정보)**를 유지한 채 자동으로 중요한 특징을 추출할 수 있다. 이는 인간의 시각 피질이 시각 정보를 처리하는 방식과 유사하다.

 다음 그림은 인간의 시각 피질이 시각 자극을 처리하는 방식ⓐ과 CNN이 이미지를 분석하는 구조ⓑ를 나란히 비교한 것이다. CNN은 이러한 생물학적 시각 시스템을 단순화하여 모방한 인공신경망이다.

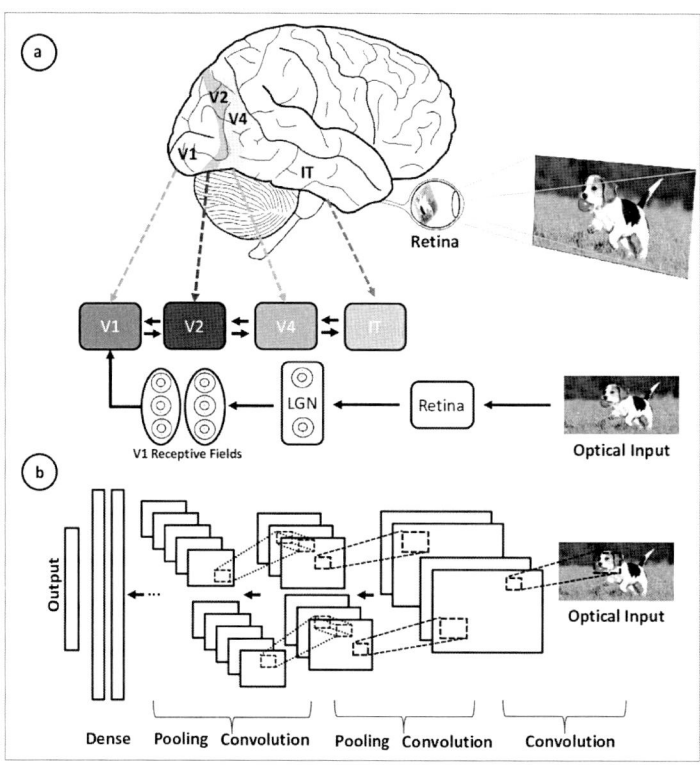

출처: Agarwal, Nisha & Yadav, Deepak. (2024). An Overview of Different Object Detection Algorithms and Libraries.

ⓐ는 실제 뇌의 V1-V4 시각 영역과 정보 흐름을 보여주며, 시각 정보가 계층적으로 분석됨을 나타낸다.

ⓑ는 CNN이 입력 이미지에서 점점 더 추상적인 특징을 추출해내는 과정을 보여주며, 실제 이미지 분류와 유사한 구조로 설계되었음을 보여준다.

각 구성 요소를 대응시키면 다음과 같다.

생물학적 피질 ⓐ	CNN 구조 ⓑ	설명
Retina + LGN	Input Image	시각 자극 수용
V1	Conv Layer 1	가장자리, 선 탐지
V2, V4	Conv Layer 2 + Pooling	모양, 형태 등 중간 특징 추출
IT(Inferior Temp)	Dense + Softmax	고차원 개념 분류(예: 강아지 등)

이러한 대응을 통해 CNN이 인간의 시각 처리 구조를 어떻게 단순화하여 모방하는지 명확히 이해할 수 있다.

비록 인간의 시각 피질과 달리 CNN은 피드백 회로 없이 순방향 정보 전달에 의존하고, 자율적인 학습보다는 대부분 지도학습(supervised learning)에 의존하지만 이미지와 패턴을 인식하는 데 있어 큰 성과를 내고 있다.

일반적인 CNN 레이어 구성은 Input > Convolutional layer > Pooling layer > Flatten layer > Fully connected layer로 이루어진다.

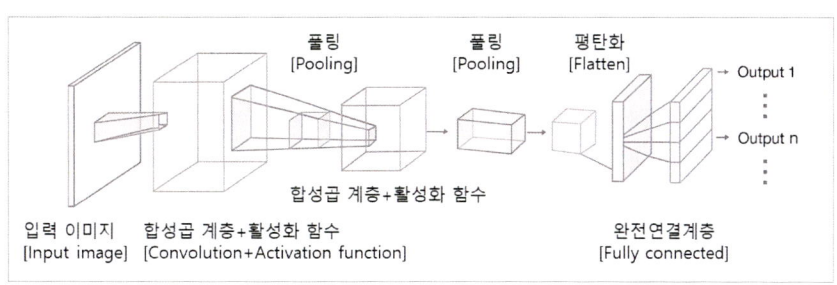

CNN을 구성하는 요소들의 개념과 역할을 알아보자.

1) 합성곱 계층(Convolutional Layer)

- 이미지의 일부분(로컬 패치)을 **필터(kernel)**라 불리는 작은 행렬로 스캔하면서 특징을 추출한다. 예를 들면 28×28 이미지에 3×3 필터를 적용하여 가장자리, 점, 선, 곡선 등의 특징을 인식한다.
- 이 과정을 통해 생성되는 결과를 **특징 맵(feature map)**이라고 한다.
- **가중치 공유(Weight Sharing)** 방식: 같은 필터를 이미지 전체에 반복 적용함으로써 파라미터 수를 크게 줄이고 일반화 능력을 높인다.

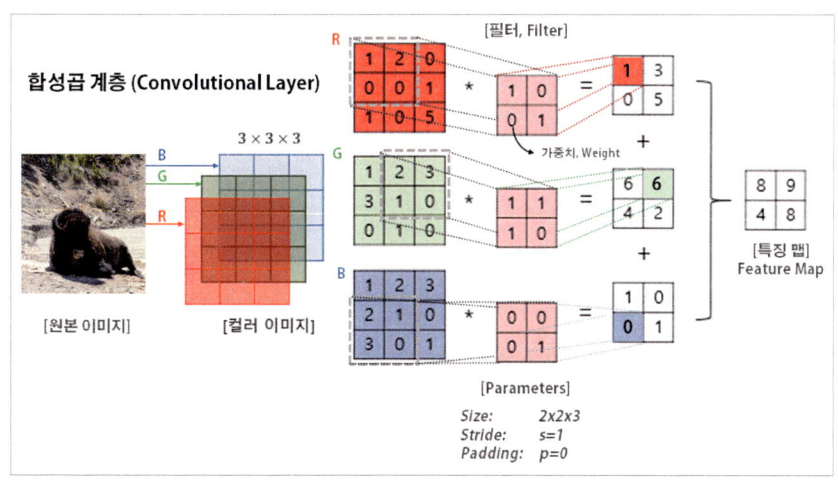

2) 활성화 함수(Activation Function)

- 특징 맵에 비선형성을 부여하여, 복잡한 패턴을 인식할 수 있도록 한다.
- 대표적으로는 ReLU(Rectified Linear Unit)가 가장 많이 사용된다(음수 → 0 / 양수 → 그대로).

3) 풀링 계층(Pooling Layer)

- 특징 맵의 크기를 줄이는 단계로, 연산량을 줄이고 중요한 정보만 남긴다.
- **최대 풀링(Max Pooling)**: 2×2 영역 중 가장 큰 값을 선택
- **평균 풀링(Avg Pooling)**: 해당 영역의 평균을 취함

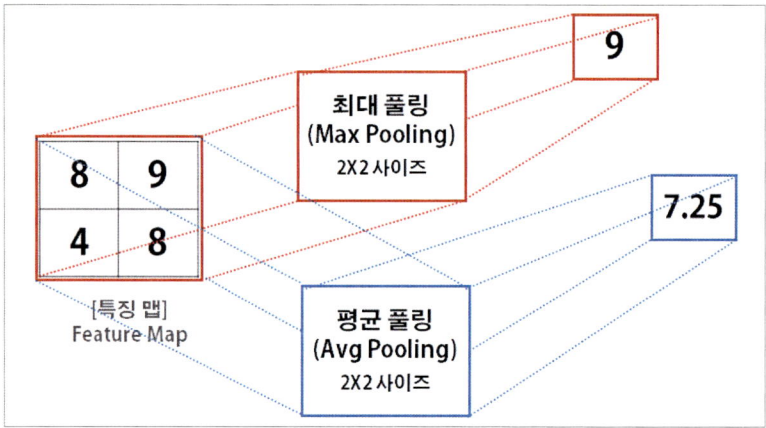

4) 평탄화(Flatten) + 완전연결 계층(Fully Connected Layer)

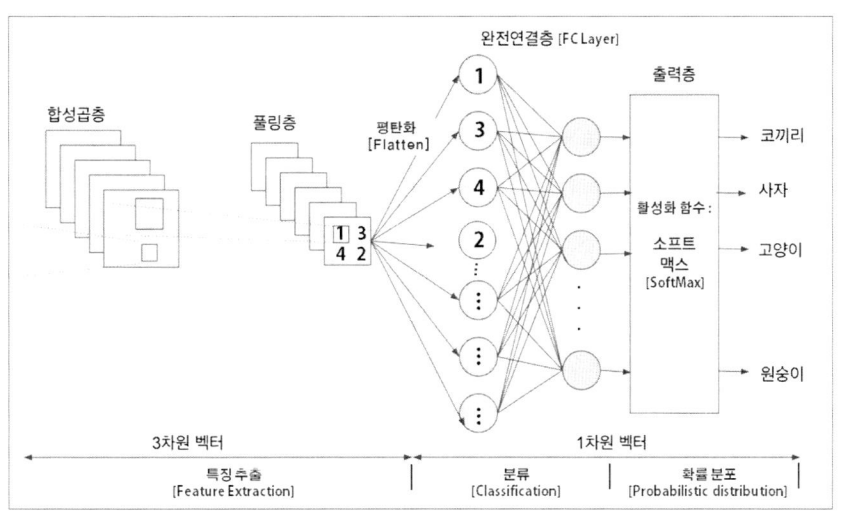

풀링 계층을 지나면 완전연결 계층과 연결이 되어야 하는데 풀링을 통과한 특징 맵은 2차원이고 완전연결 계층은 1차원이므로 연산이 불가능하다. 따라서 풀링한 특징 맵을 1차원으로 펼쳐주는 작업이 필요하며, 평탄화 층에서 이것을 수행한다.

CNN에서 추출한 2D 형태의 특징 맵은 계산 처리를 위하여 1차원 벡터로 변환(flatten)된다. 이 과정을 평탄화(Flatten)라고 하며, 이 벡터는 이후 완전연결 계층(FC Layer)으로 전달된다.

완전연결 계층은 모든 입력 뉴런이 다음 계층의 모든 뉴런과 연결되는 구조로, 지금까지 추출된 다양한 특징 정보를 종합하여 최종 판단을 내리는 역할을 한다. 쉽게 말하면, 합성곱 계층이 이미지의 각 부분에서 '무엇인가 의미 있는 특징'을 찾는 역할을 했다면 FC Layer는 그 모든 정보를 종합해 '이 이미지 전체가 무엇인가'를 결정하는 역할이다.

FC Layer는 이전 단계에서 추출된 패턴을 **고차원 특징 공간에서 조합**하고, 이를 기반으로 **클래스별 확률 분포를 계산**하여 최종 분류 결과를 도출한다. 일반적으로 마지막 FC Layer는 **분류기(Classifier)** 역할을 수행하며, Softmax 함수를 통해 각 클래스(예: 0~9 숫자)에 속할 확률을 출력한다.

단점으로는, 모든 뉴런이 서로 연결되기 때문에 **파라미터 수가 많아져 과적합(overfitting)의 위험**이 있으며 학습과 계산 리소스가 커진다. 따라서 CNN에서는 일반적으로 FC Layer를 최소화하고, 합성곱 계층 위주로 특징을 추출하도록 구성하는 것이 일반적이다.

즉, FC Layer는 전체 뉴런 간 연결로 인해 학습 파라미터 수가 많아지는 경향이 있으므로 CNN 구조에서는 마지막에만 제한적으로 사용되는 경우가 많다.

CNN 구조의 예시(MNIST 숫자 분류)

다음은 28×28 손글씨 숫자 이미지(MNIST)를 CNN으로 분류하는 예시 구조이다.

(1) **입력 이미지**: 28×28 픽셀의 흑백 이미지 (예: 숫자 5)

(2) **Conv2D(32, 3×3)**: 특징 맵 32개 생성 (곡선, 선 등)

(3) **ReLU 활성화**: 음수 제거 → 비선형성 도입

(4) **MaxPooling(2×2)**: 해상도 절반으로 줄이며 중요한 정보만 유지

(5) **Conv2D(64, 3×3)** → ReLU → MaxPooling(2×2): 더 복잡한 특징 추출

(6) **Flatten()**: 2D 이미지를 1D 벡터로 펼침

(7) **Dense(64)** → ReLU: 고수준 특징 처리

(8) **Dense(10)** → Softmax: 10개 숫자(0~9)에 대한 확률 출력

이 구조는 이미지가 컴퓨터에 의해 **숫자 패턴으로 인식되는 전체 흐름**을 보여준다.

```
# 1. 입력 이미지
input = 28x28 grayscale image (e.g. digit '5')

# 2. 첫 번째 합성곱 + 활성화 + 풀링
conv1 = Conv2D(32, kernel_size=3, padding='valid')(input)
relu1 = ReLU()(conv1)
pool1 = MaxPooling2D(pool_size=2)(relu1)

# 3. 두 번째 합성곱 + 활성화 + 풀링
conv2 = Conv2D(64, kernel_size=3, padding='valid')(pool1)
relu2 = ReLU()(conv2)
pool2 = MaxPooling2D(pool_size=2)(relu2)

# 4. 평탄화 → 완전연결층 → 출력층
flat = Flatten()(pool2)
dense1 = Dense(64)(flat)
relu3 = ReLU()(dense1)
output = Dense(10, activation='softmax')(relu3)
```

레이어별 출력 크기

단계	출력 크기
입력 이미지	28×28×1
Conv2D(32, 3×3)	26×26×32
MaxPooling(2×2)	13×13×32
Conv2D(64, 3×3)	11×11×64
MaxPooling(2×2)	5×5×64
Flatten	1600
Dense(64)	64
Dense(10)	10(확률 출력)

CNN과 MLP의 비교

CNN과 MLP는 모두 인공신경망의 일종이지만, 구조와 처리 방식에 있어 중요한 차이점을 가진다.

- MLP(다층 퍼셉트론)은 완전연결 계층(Fully Connected Layer)만을 쌓아 구성되며, 입력 이미지를 1차원 벡터로 평탄화하여 학습한다. 이 과정에서 이미지의 공간적 구조나 위치 정보는 손실되므로, 픽셀 간의 관계보다는 값 자체에 집중한다.
- 반면 CNN은 합성곱 계층(Convolutional Layer)과 풀링 계층(Pooling Layer)을 포함하여 입력 이미지의 2차원 구조를 그대로 활용한다. 필터를 통해 국소 영역에서 특징을 추출하고, 이러한 특징을 계층적으로 조합함으로써 위치 정보와 패턴을 동시에 학습할 수 있다.
- CNN은 가중치 공유와 국소 수용 영역의 개념을 통해 파라미터 수를 획기적으로 줄이면서도 더 정교한 표현 학습이 가능하다.

이러한 차이로 인해 MLP는 수치 데이터나 구조화된 입력에 주로 활용되는 반면, CNN은 이미지, 영상, 음성 등과 같은 고차원 시각 데이터를 처리하는 데 강력한 성능을 발휘한다.

항목	MLP (다층 퍼셉트론)	CNN (합성곱 신경망)
구성 요소	FC Layer만으로 구성	CONV + FC Layer
공간 구조 고려	없음	있음(지역성 및 위치 고려)
파라미터 수	많음	필터 공유로 파라미터 감소
입력 처리 방식	이미지 평탄화 후 학습	2D 이미지 그대로 입력
특징 추출 방식	직접 연결, 위치 정보 소실	자동 특징 학습, 위치 관계 보존
활용 분야	수치 데이터 분석 등	이미지, 영상, 음성 인식 등

정리

개념	설명
지역성	가까운 픽셀 간 관계가 중요하다는 가정(예: 선, 모서리 등)
가중치 공유	하나의 필터를 모든 위치에 적용해 연산 효율 향상
계층적 특징	저수준 특징(선, 색상) → 중간 특징(모양) → 고수준 의미(숫자, 개체 등)
과적합 (Overfitting)	모델이 학습 데이터에 너무 특화되어 테스트 데이터에 일반화되지 못하는 현상. CNN에서는 드롭아웃, 데이터 증강, 정규화 등을 통해 방지할 수 있음

항목	설명
CNN 구성 요소	합성곱, 활성화 함수, 풀링, 완전연결 계층
합성곱 기능	공간 구조 보존 + 중요한 특징 추출
풀링 기능	해상도 감소 + 연산 효율 향상
CNN의 장점	적은 파라미터로 고성능 이미지 분류 가능
주요 적용 분야	MNIST, CIFAR-10, 얼굴 인식, 의료 영상 등

다음 장에서는 실제로 CIFAR-10과 같은 컬러 이미지 데이터셋에 CNN을 적용하여 실습을 해보자. 이를 통해 CNN의 강력함을 체감할 수 있을 것이다.

18. CIFAR-10 이미지 분류 실습

- 딥러닝 모델 학습 체험

이번 장에서는 실전 딥러닝 이미지 분류 프로젝트를 수행한다. 우리가 사용할 데이터셋은 유명한 CIFAR-10이며, 10가지 카테고리(비행기, 자동차, 새, 고양이 등)의 컬러 이미지로 구성되어 있다. 이 장에서는 TensorFlow(Keras)와 PyTorch를 병행해 CNN(합성곱 신경망)을 직접 설계하고, 학습과 평가까지 수행해본다.

학습 목표

- CIFAR-10 데이터셋의 구조 이해
- CNN 모델 구성 및 컴파일
- 모델 학습 및 정확도 시각화
- 오분류 이미지 확인을 통한 모델 개선 아이디어 도출

CIFAR-10 데이터셋 불러오기

CIFAR-10은 10개의 서로 다른 이미지 클래스(비행기, 자동차, 새, 고양이 등)로 구성된 컬러 이미지 데이터셋이다. 각각의 이미지는 32×32 크기로, 실전 분류 문제를 연습하기에 적절한 난이도를 제공한다.

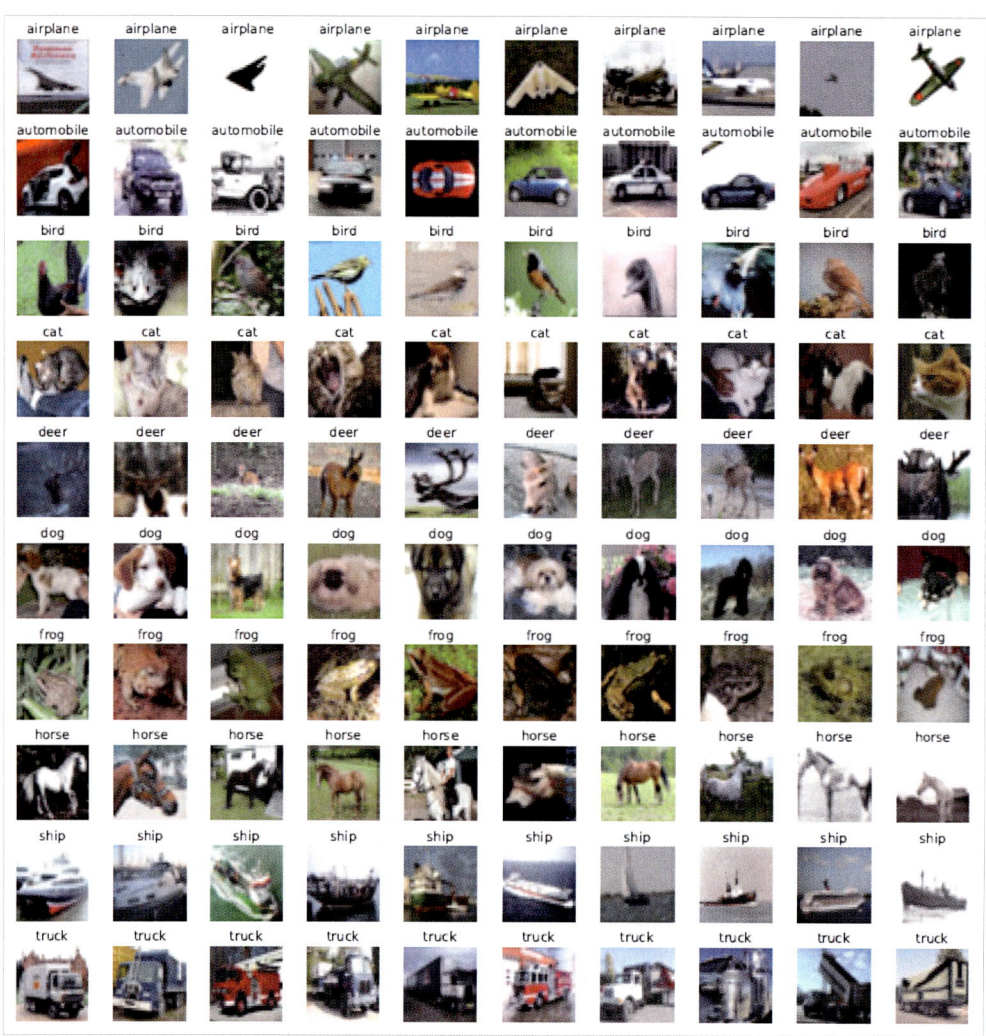

이 단계에서는 데이터를 불러오고, 신경망 학습을 위해 '정규화(normalization)'와 '원-핫 인코딩' 처리를 수행한다.

- **정규화(Normalization)**: 이미지의 픽셀 값은 0~255의 정수로 표현되며, 이를 255로 나누어 0~1 사이의 실수 값으로 변환한다. 이 과정은 학습을 안정화시키고, 모델이 입력값을 빠르고 효율적으로 처리할 수 있도록 돕는다.
- **원-핫 인코딩(One-hot Encoding)**: 정답 레이블은 정수(예: 0~9)로 되어 있으므로 이를 벡터 형태로 변환한다. 예를 들어 '고양이(클래스 3)'는 [0, 0, 0, 1, 0, 0, 0, 0, 0, 0]과 같이 표현되며, 이는 신경망의 출력층에서 각 클래스에 대한 확률을 매핑하는 데 사용된다.

1) TensorFlow 버전

```
from tensorflow.keras.datasets import cifar10
from tensorflow.keras.utils import to_categorical
import matplotlib.pyplot as plt

# 데이터 불러오기
(X_train, y_train), (X_test, y_test) = cifar10.load_data()

# 정규화
X_train = X_train / 255.0
X_test = X_test / 255.0

# 원-핫 인코딩
y_train = to_categorical(y_train, 10)
y_test = to_categorical(y_test, 10)

# 클래스 이름
class_names = ['airplane', 'automobile', 'bird', 'cat', 'deer',
               'dog', 'frog', 'horse', 'ship', 'truck']

# 이미지 시각화
plt.figure(figsize=(10,2))
for i in range(10):
    plt.subplot(1,10,i+1)
    plt.imshow(X_train[i])
    plt.axis('off')
    plt.title(class_names[y_train[i].argmax()], fontsize=8)
plt.show()
```

2) PyTorch 버전

```
import torch
import torchvision
```

```python
import torchvision.transforms as transforms

# 이미지 전처리: 텐서로 변환 후 -1~1 범위로 정규화
transform = transforms.Compose([
    transforms.ToTensor(),    # 이미지를 PyTorch 텐서로 변환(0~1 범위)
    transforms.Normalize((0.5, 0.5, 0.5), (0.5, 0.5, 0.5))
    # 각 채널(RGB)의 평균과 표준편차, 결과적으로 픽셀 값이 -1~1 범위로 조정됨
])
# CIFAR-10 훈련 데이터셋 다운로드 및 불러오기
trainset = torchvision.datasets.CIFAR10(
    root='./data',           # 데이터 저장 경로
    train=True,              # 훈련용 데이터
    download=True,           # 처음 실행 시 자동 다운로드
    transform=transform      # 전처리 적용
)
# CIFAR-10 테스트 데이터셋
testset = torchvision.datasets.CIFAR10(
    root='./data',
    train=False,             # 테스트용 데이터
    download=True,
    transform=transform
)
# 훈련 데이터 로더: 배치 단위로 데이터를 섞어서 불러옴
trainloader = torch.utils.data.DataLoader(
    trainset,
    batch_size=64,
    shuffle=True    # 매 epoch마다 데이터를 섞음(일반적인 학습 방법)
)
# 테스트 데이터 로더: 배치 단위로 순차적으로 불러옴
testloader = torch.utils.data.DataLoader(
    testset,
    batch_size=64,
    shuffle=False
)
# CIFAR-10 클래스 이름 리스트
classes = ['airplane', 'automobile', 'bird', 'cat', 'deer',
           'dog', 'frog', 'horse', 'ship', 'truck']
```

- 출력 예시

💡 PyTorch에서는 정답 레이블을 원-핫 인코딩하지 않고 정수형 그대로 CrossEntropyLoss에 입력한다. 따라서 TensorFlow와는 레이블 처리 방식이 다르다는 점에 유의해야 한다.

CNN 모델 구성하기

이제 CNN을 직접 설계해보자. 합성곱 계층(Conv2D)을 통해 이미지에서 특징을 추출하고, 풀링 계층(MaxPooling2D)으로 정보의 크기를 줄인다. 마지막에는 완전연결 계층(Dense)과 드롭아웃(Dropout)을 통해 분류를 수행하고 과적합을 방지한다. 이 모델은 비교적 단순한 구조이지만 CIFAR-10 이미지 분류 문제를 해결하기에 충분한 성능을 보인다.

1) TensorFlow 버전

```
from tensorflow.keras.models import Sequential
from tensorflow.keras.layers import Conv2D, MaxPooling2D, Flatten, Dense, Dropout

# CNN(합성곱 신경망) 모델 구성
model = Sequential([
    # 첫 번째 합성곱 층: 필터 32개, 커널 크기 3x3, 입력 크기는 32x32 RGB 이미지
    Conv2D(32, (3,3), activation='relu', input_shape=(32,32,3)),
    MaxPooling2D((2,2)),
    # 두 번째 합성곱 층: 필터 수 증가(64개)
    Conv2D(64, (3,3), activation='relu'),
    MaxPooling2D((2,2)),    # 두 번째 풀링 층
    Flatten(),    # 다차원 이미지를 1차원 벡터로 펼침
```

```
        Dense(64, activation='relu'),    # 완전 연결층: 뉴런 64개
        # 과적합 방지를 위한 드롭아웃(무작위로 50% 뉴런 비활성화)
        Dropout(0.5),
        # 출력층: 클래스 수 10개, 소프트맥스로 확률 출력
        Dense(10, activation='softmax')
])
```

2) PyTorch 버전

```
import torch.nn as nn
import torch.nn.functional as F
class Net(nn.Module):
    def __init__(self):
        super(Net, self).__init__()
        self.conv1 = nn.Conv2d(3, 32, 3)
        self.pool = nn.MaxPool2d(2, 2)
        self.conv2 = nn.Conv2d(32, 64, 3)
        self.fc1 = nn.Linear(64 * 6 * 6, 64)
        self.dropout = nn.Dropout(0.5)
        self.fc2 = nn.Linear(64, 10)
    def forward(self, x):
        x = self.pool(F.relu(self.conv1(x)))
        x = self.pool(F.relu(self.conv2(x)))
        x = x.view(-1, 64 * 6 * 6)
        x = F.relu(self.fc1(x))
        x = self.dropout(x)
        x = self.fc2(x)
        return x
net = Net()
```

💡 구조 해석

Conv2D: 합성곱 계층 (특성 추출)

MaxPooling2D: 특징 압축 및 위치 불변성 확보

Flatten: 2D → 1D 변환

Dense: 완전연결층, 분류 결정

Dropout: 과적합 방지

💡 TensorFlow의 Conv2D는 케라스에서 제공되며, PyTorch에서는 nn.Conv2d로 구현된다. 구조는 유사하지만 코드 상 문법 차이에 주의해야 한다.

모델 컴파일 및 학습

모델을 구성했다면, 학습에 앞서 컴파일을 진행해야 한다. 이 단계에서는 손실 함수와 최적화 알고리즘을 지정하고, 평가 지표로 정확도를 설정한다. 그런 다음 모델을 학습시켜 훈련 데이터와 검증 데이터의 성능을 관찰할 수 있다.

1) TensorFlow 버전

```
model.compile(optimizer='adam',
              loss='categorical_crossentropy',
              metrics=['accuracy'])

history = model.fit(X_train, y_train,
                    epochs=10,
                    batch_size=64,
                    validation_split=0.2)
```

2) PyTorch 버전

```python
import torch.optim as optim
# 손실 함수: 다중 클래스 분류용(소프트맥스 + NLL 포함)
criterion = nn.CrossEntropyLoss()
# 옵티마이저: Adam 알고리즘 사용, 학습률 0.001
optimizer = optim.Adam(net.parameters(), lr=0.001)
# GPU 사용 가능 시 GPU로 이동
device = torch.device("cuda" if torch.cuda.is_available() else "cpu")
net.to(device)
# 에폭별 손실과 정확도 저장용 리스트
train_losses = []
train_acc_list = []
for epoch in range(10):     # 10번의 에폭 반복
    net.train()
    running_loss = 0.0      # 학습 모드 활성화
    correct = 0
    total = 0
    for i, data in enumerate(trainloader, 0):     # 훈련 데이터 반복
        inputs, labels = data[0].to(device), data[1].to(device)
        optimizer.zero_grad()     # 기울기 초기화
        outputs = net(inputs)     # 모델 예측
        loss = criterion(outputs, labels)     # 손실 계산
        loss.backward()     # 역전파로 기울기 계산
        optimizer.step()     # 가중치 업데이트
        running_loss += loss.item()
        # 예측값 중 최대 확률(class) 선택
        _, predicted = torch.max(outputs, 1)
        total += labels.size(0)     # 정확도 계산
        correct += (predicted == labels).sum().item()
    # 에폭별 평균 손실과 정확도 기록
    epoch_loss = running_loss / len(trainloader)
    epoch_acc = correct / total
    train_losses.append(epoch_loss)
    train_acc_list.append(epoch_acc)
      print(f"Epoch {epoch+1} | Loss: {epoch_loss:.3f} | Accuracy: {epoch_acc:.3f}")
```

TensorFlow에서는 compile과 fit을 통해 학습이 진행되며, PyTorch는 epoch 단위의 학습 루프를 구성해 명시적으로 forward/backward 연산을 수행한다.

💡 PyTorch에서는 학습 시 optimizer, criterion, device 정의가 필수이며, net.to(device)를 통해 GPU 전송을 명시해야 한다.

정확도 및 손실 시각화

모델 훈련 후에 학습이 얼마나 잘 이루어졌는지 시각적으로 분석해보자. 훈련 정확도와 검증 정확도의 변화를 비교하고, 손실 함수의 감소 여부를 확인함으로써 과적합 여부도 파악할 수 있다. 그래프를 통해 학습 경향을 직관적으로 이해할 수 있다.

1) TensorFlow 버전

```
import matplotlib.pyplot as plt
plt.plot(history.history['accuracy'], label='Train Acc')
plt.plot(history.history['val_accuracy'], label='Val Acc')
plt.title('Accuracy over epochs')
plt.legend()
plt.show()
plt.plot(history.history['loss'], label='Train Loss')
plt.plot(history.history['val_loss'], label='Val Loss')
plt.title('Loss over epochs')
plt.legend()
plt.show()
```

2) PyTorch 버전

```
plt.plot(train_losses, label='Train Loss')
plt.plot(train_acc_list, label='Train Accuracy')
plt.title('Loss & Accuracy over epochs (PyTorch)')
plt.xlabel('Epoch')
plt.ylabel('Value')
plt.legend()
plt.show()
```

PyTorch에서는 validation accuracy는 따로 측정하지 않으므로 훈련 정확도만 시각화한다. 향후 테스트 세트 정확도나 validation set을 별도로 정의해 정확도 평가를 수행할 수도 있다.

- 출력 예시

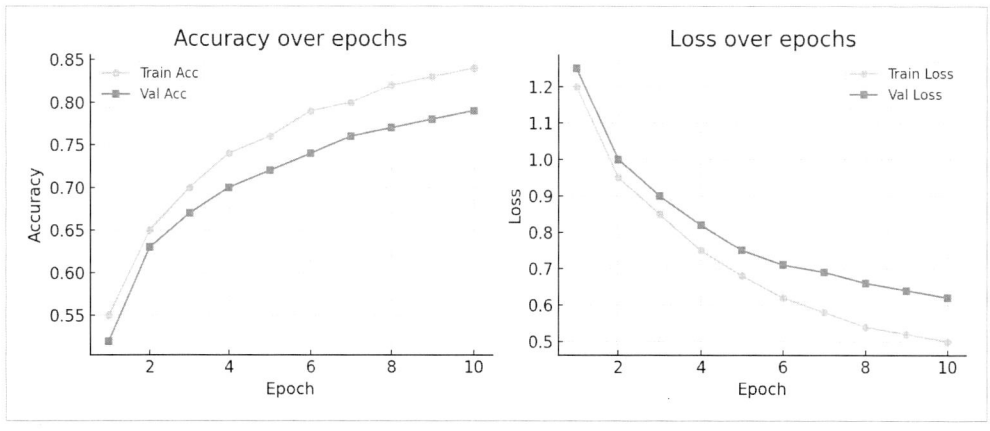

왼쪽 그래프(정확도): 학습이 진행될수록 훈련 정확도와 검증 정확도가 점진적으로 상승하고 있다. 과적합은 크지 않으며, 모델이 안정적으로 학습되었음을 나타낸다.

오른쪽 그래프(손실): 손실 값은 계속 줄어들고 있으며, 훈련과 검증 손실 간의 차이가 작아 일반화 성능도 준수함을 시사한다.

💡 그래프 해석 팁

학습 곡선이 부드럽고 상승하는 경향을 보인다면 학습이 안정적으로 진행되고 있음을 의미한다. 손실이 감소하고 정확도가 상승하는 것이 이상적이며, 손실이 급격히 증가하거나 정확도가 요동친다면 학습률, 모델 구조 등을 재점검할 필요가 있다.

모델 평가 및 오분류 예시 확인

학습이 끝난 모델을 테스트 데이터에 적용하여 실제 성능을 평가해보자. 이때 오분류된 이미지를 시각화하면 어떤 종류의 이미지에서 모델이 헷갈려하는지 파악할 수 있고, 추후 개선 방향을 모색할 수 있다.

```
classes = ['airplane', 'automobile', 'bird', 'cat', 'deer',
           'dog', 'frog', 'horse', 'ship', 'truck']
```

1) TensorFlow 버전

```python
import numpy as np
import matplotlib.pyplot as plt

# 모델 예측 수행(softmax 확률 벡터 반환)
preds = model.predict(X_test)
# 예측 클래스와 실제 클래스 추출(원-핫 인코딩 → 정수형 레이블)
pred_classes = np.argmax(preds, axis=1)
true_classes = np.argmax(y_test, axis=1)
# 예측이 틀린 인덱스 찾기
wrong = np.where(pred_classes != true_classes)[0]
plt.figure(figsize=(10,5))    # 오분류된 이미지 10개 시각화
for i, idx in enumerate(wrong[:10]):
    plt.subplot(2,5,i+1)
    plt.imshow(X_test[idx])   # 이미지 출력
    plt.title(f"Pred:{class_names[pred_classes[idx]]}\nTrue: {class_names[true_classes[idx]]}", fontsize=8)
    plt.axis('off')
plt.tight_layout()
plt.show()
```

2) PyTorch 버전

```
misclassified = []
net.eval()      # 모델을 평가 모드로 설정
with torch.no_grad():    # gradient 계산 비활성화(추론 시 필수)
    for images, labels in testloader:
        outputs = net(images.to(device))
        _, preds = torch.max(outputs, 1)      # 예측 클래스
        # 오분류된 경우 저장(이미지는 CPU로 이동)
        for img, pred, label in zip(images, preds.cpu(), labels):
            if pred != label:
                misclassified.append((img, pred, label))
plt.figure(figsize=(10,5))    # 오분류된 이미지 중 10개 시각화
for i, (img, pred, label) in enumerate(misclassified[:10]):
    img = img * 0.5 + 0.5    # 정규화 해제(Normalize([0.5], [0.5]) 기준)
    # CHW → HWC(이미지 형태로 변환)
    npimg = img.numpy().transpose((1,2,0))
    plt.subplot(2,5,i+1)
    plt.imshow(npimg)
    plt.title(f"Pred: {classes[pred]}\nTrue: {classes[label]}", fontsize=8)
    plt.axis('off')
plt.tight_layout()
plt.show()
```

💡 클래스 이름은 TensorFlow에선 **class_names**, PyTorch에선 **classes**라는 변수명을 사용하지만 동일한 클래스 순서를 따른다. 출력 시 혼동하지 않도록 주의하자.

- 출력 예시

💡 오분류 이미지를 분석할 때에는 어떤 클래스 쌍 간의 혼동이 잦은지를 파악하고, 이를 기반으로 추가 데이터 확보나 augmentation 전략을 설계할 수 있다.

📑 정리

항목	내용
데이터	CIFAR-10(32×32 크기, 10종 분류 컬러 이미지)
모델 구조	합성곱 → 풀링 → 완전연결층 구조의 CNN
구현 프레임워크	TensorFlow(Keras) & PyTorch 병행 실습
분석 및 시각화	정확도 및 손실 곡선, 오분류 이미지, 과적합 진단
핵심 학습	CNN 설계, 학습 루프 이해, 시각화를 통한 성능 해석

다음 장에서는 이 CNN 구조를 바탕으로 자신만의 이미지 분류 프로젝트를 수행해보자!

19. 프로젝트 4: 나만의 고양이·강아지 분류기
- 데이터 증강, 정확도 개선 전략

이번 장에서는 고양이(cat)와 강아지(dog) 이미지를 분류하는 딥러닝 모델을 직접 설계하고 학습해본다. 단순히 모델을 구성하고 학습하는 것을 넘어서, **데이터 증강(Image Augmentation), 과적합 방지 기법, 전이 학습(Transfer Learning)** 등을 적용하여 CNN 모델을 실제 실무 수준으로 개선해나가는 과정을 단계별로 경험할 수 있도록 구성하였다. TensorFlow와 PyTorch 프레임워크를 병행해 설명하며, 각각의 코드와 출력 예시를 함께 제시한다.

학습 목표

- 고양이, 강아지 이미지 분류 문제 이해
- 이미지 증강 기법을 활용한 일반화 성능 향상
- CNN 모델의 학습과 평가(TensorFlow & PyTorch)
- Dropout, 조기 종료 등 과적합 방지 기법 적용
- 전이 학습 기반 성능 개선 전략 설계

데이터셋 다운로드 및 폴더 구성

이 프로젝트에서 사용할 데이터는 Kaggle의 유명한 이미지 분류 경진대회인 'Dogs vs.

Cats' 데이터셋이다.

1) Kaggle에서 데이터 다운로드

- 경로: https://www.kaggle.com/competitions/dogs-vs-cats/data
- 다운로드 파일: train.zip(총 25,000장의 고양이와 강아지 이미지)

2) 파일 압축 해제

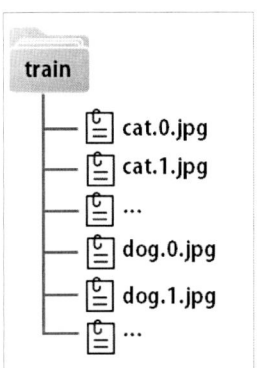

다운로드한 압축파일을 해제하면 이와 같은 파일이 생성된다.

3) 실습용 폴더 구성

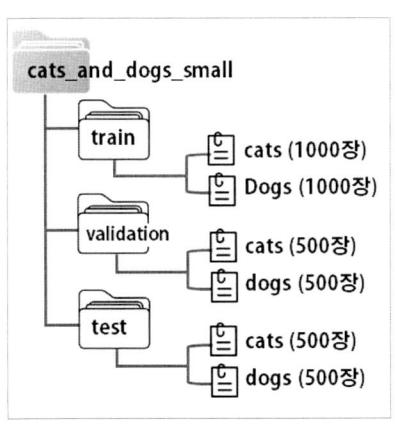

이 데이터를 소규모 실습용 폴더로 구성한다.

4) 자동 구성 스크립트 예시

```python
import os, shutil
original_dataset_dir = 'D:/downloads/train'  # 압축 해제한 원본 폴더
base_dir = 'D:/cats_and_dogs_small'

# 폴더 생성
folders = ['train/cats', 'train/dogs', 'validation/cats', 'validation/dogs',
'test/cats', 'test/dogs']
for folder in folders:
    os.makedirs(os.path.join(base_dir, folder), exist_ok=True)

# 파일 복사 예시
for i in range(1000):
    shutil.copyfile(f'{original_dataset_dir}/cat.{i}.jpg', f'{base_dir}/train/cats/cat.{i}.jpg')
    shutil.copyfile(f'{original_dataset_dir}/dog.{i}.jpg', f'{base_dir}/train/dogs/dog.{i}.jpg')

for i in range(1000, 1500):
    shutil.copyfile(f'{original_dataset_dir}/cat.{i}.jpg', f'{base_dir}/validation/cats/cat.{i}.jpg')
    shutil.copyfile(f'{original_dataset_dir}/dog.{i}.jpg', f'{base_dir}/validation/dogs/dog.{i}.jpg')

for i in range(1500, 2000):
    shutil.copyfile(f'{original_dataset_dir}/cat.{i}.jpg', f'{base_dir}/test/cats/cat.{i}.jpg')
    shutil.copyfile(f'{original_dataset_dir}/dog.{i}.jpg', f'{base_dir}/test/dogs/dog.{i}.jpg')
```

이 과정을 통해 학습용 데이터셋을 구성한 후, 이후 실습에서 **flow_from_directory**() 함수로 데이터를 로딩할 수 있게 된다.

데이터셋 구성 및 전처리

Kaggle에서 제공하는 데이터셋의 원본은 약 25,000장에 이르는 이미지로 구성되어 있으나, 여기서는 빠른 실습을 위해 소규모 버전(약 2,000장)을 사용한다.

데이터셋은 앞에서 설명한 cats_and_dogs_small 폴더 구조를 사용하며, TensorFlow에서는 ImageDataGenerator를, PyTorch에서는 ImageFolder와 DataLoader를 통해 이미지를 자동으로 불러올 수 있다.

1) TensorFlow용 데이터 로딩 코드

```
from tensorflow.keras.preprocessing.image import ImageDataGenerator

# 이미지 픽셀 값을 0~1 범위로 정규화
train_datagen = ImageDataGenerator(rescale=1./255)
val_datagen = ImageDataGenerator(rescale=1./255)
# 훈련용 이미지 불러오기
train_generator = train_datagen.flow_from_directory(
    'cats_and_dogs_small/train',        # 훈련 이미지 폴더 경로
    target_size=(150, 150),              # 모든 이미지를 150x150 크기로 조정
    batch_size=32,                       # 한 번에 32장씩 불러옴
    class_mode='binary'                  # 고양이 vs 강아지: 이진 분류
)
# 검증용 이미지 불러오기
val_generator = val_datagen.flow_from_directory(
    'cats_and_dogs_small/validation',    # 검증 이미지 폴더 경로
    target_size=(150, 150),
    batch_size=32,
    class_mode='binary'
)
```

💡 flow_from_directory는 폴더명을 기준으로 자동으로 클래스를 구분하고 라벨링한다. 클래스는 알파벳순으로 라벨링되며, 'cats: 0, dogs: 1'과 같은 방식이다.

2) PyTorch용 데이터 로딩 코드

```
from torchvision import datasets, transforms
from torch.utils.data import DataLoader

train_transform = transforms.Compose([
    transforms.Resize((150, 150)),
    transforms.RandomHorizontalFlip(),
    transforms.RandomRotation(10),
    transforms.ToTensor(),
    transforms.Normalize([0.5], [0.5])
])

val_transform = transforms.Compose([
    transforms.Resize((150, 150)),
    transforms.ToTensor(),
    transforms.Normalize([0.5], [0.5])
])

train_dataset = datasets.ImageFolder('cats_and_dogs_small/train', transform=train_transform)
val_dataset = datasets.ImageFolder('cats_and_dogs_small/validation', transform=val_transform)

trainloader = DataLoader(train_dataset, batch_size=32, shuffle=True)
valloader = DataLoader(val_dataset, batch_size=32, shuffle=False)
```

💡 ImageFolder는 디렉토리 이름을 클래스 이름으로 자동 인식하며, 폴더 구조는 TensorFlow와 동일하게 유지된다.

이미지 증강: 일반화를 위한 전략

이미지 증강은 모델이 다양한 형태의 입력을 학습하도록 돕는 과정이다. 같은 이미지를 회전, 확대, 이동, 좌우 반전 등으로 변형함으로써 데이터셋의 다양성을 높이고, 과적합을 방지할 수 있다.

마치 학습자가 고양이나 강아지 사진을 여러 각도와 조건에서 반복해서 보여주는 것과 같다. 예를 들어 같은 고양이 사진을 좌우로 뒤집거나, 확대하거나, 밝기를 바꾸어 보여주면 모델은 고양이의 본질적 특징을 더 잘 학습할 수 있게 된다.

원본 이미지에 회전, 확대, 이동, 좌우 반전 등을 적용한 결과이다.
모델은 이렇게 다양한 변형을 학습함으로써 더 일반화된 성능을 얻게 된다.

1) TensorFlow 예시

```
from tensorflow.keras.preprocessing.image import ImageDataGenerator

# 훈련용 데이터 제너레이터: 다양한 증강 기법 적용
train_datagen = ImageDataGenerator(
    rescale=1./255,              # 픽셀 값을 0~1 범위로 정규화
    rotation_range=40,           # 이미지를 최대 40도까지 회전
    width_shift_range=0.2,       # 수평으로 20%까지 이동
    height_shift_range=0.2,      # 수직으로 20%까지 이동
    shear_range=0.2,             # 전단 변형(기울이기) 적용
```

```
    zoom_range=0.2,              # 최대 20% 확대·축소
    horizontal_flip=True,        # 좌우 반전 허용
    fill_mode='nearest')         # 증강 후 생긴 빈 공간은 주변 픽셀로 채움

# 검증용 데이터 제너레이터: 정규화만 적용(증강 X)
val_datagen = ImageDataGenerator(rescale=1./255)
```

2) PyTorch 예시

```
from torchvision import datasets, transforms
# 훈련용 이미지 전처리 및 증강 설정
train_transform = transforms.Compose([
    # 이미지를 임의로 자르고 150x150으로 크롭
    transforms.RandomResizedCrop(150),
    # 50% 확률로 좌우 반전
    transforms.RandomHorizontalFlip(),
    # -15도에서 +15도 범위 내 랜덤 회전
    transforms.RandomRotation(15),
    # 텐서로 변환(0~1 범위)
    transforms.ToTensor(),
    # 평균 0.5, 표준편차 0.5로 정규화(→ -1~1 범위)
    transforms.Normalize([0.5], [0.5])
])

# 검증용 이미지 전처리 설정(증강 없이 크기 통일 및 정규화만 적용)
val_transform = transforms.Compose([
    transforms.Resize((150,150)),    # 크기를 150x150으로 맞춤
    transforms.ToTensor(),
    transforms.Normalize([0.5], [0.5])
])
```

CNN 모델 설계 및 학습

모델 학습을 위해 우리는 CNN(합성곱 신경망)을 구성한다. 이 모델은 여러 개의 합성곱(conv) 계층과 풀링(pooling) 계층을 거쳐 이미지를 점점 추상화한 후, 전결합(Dense) 계층을 통해 이진 분류(고양이 vs 강아지)를 수행한다. 모델 구조는 TensorFlow와 PyTorch 모두 다음과 같은 블록 구조를 따른다.

Conv → MaxPooling → Conv → MaxPooling → Conv → MaxPooling → Flatten → Dropout → Dense → Output

입력 이미지 크기는 (150, 150, 3)이며, 출력층에서는 sigmoid를 통해 확률을 출력한다.

1) TensorFlow CNN 모델 코드

```python
from tensorflow.keras import layers, models

# CNN 모델 구성
model = models.Sequential([
    # 1층: 필터 32개
    layers.Conv2D(32, (3,3), activation='relu', input_shape=(150, 150, 3)),
    layers.MaxPooling2D(2,2),                # 풀링으로 크기 축소
    # 2층: 필터 수 증가
    layers.Conv2D(64, (3,3), activation='relu'),
    layers.MaxPooling2D(2,2),
    # 3층: 더 많은 특징 추출
    layers.Conv2D(128, (3,3), activation='relu'),
    layers.MaxPooling2D(2,2),
    layers.Flatten(),                        # 1차원 벡터로 펼침
    layers.Dropout(0.5),                     # 과적합 방지
    layers.Dense(512, activation='relu'),    # 완전 연결층
    layers.Dense(1, activation='sigmoid')    # 출력층: 이진 분류용(0 또는 1)
])
```

```python
model.compile(optimizer='adam',              # Adam 최적화 알고리즘
              loss='binary_crossentropy',    # 이진 분류용 손실 함수
              metrics=['accuracy'])          # 정확도로 성능 평가
```

2) PyTorch CNN 모델 코드

```python
import torch.nn as nn
import torch.nn.functional as F
import torch

# 고양이·강아지 이진 분류 CNN 모델 정의
class CatDogCNN(nn.Module):
    def __init__(self):
        super(CatDogCNN, self).__init__()
    # 첫 번째 합성곱 층: 입력 채널 3(RGB), 출력 채널 32, 커널 크기 3x3
        self.conv1 = nn.Conv2d(3, 32, kernel_size=3)
        self.pool = nn.MaxPool2d(2, 2)
    # 두 번째 합성곱 층
        self.conv2 = nn.Conv2d(32, 64, kernel_size=3)
    # 세 번째 합성곱 층
        self.conv3 = nn.Conv2d(64, 128, kernel_size=3)
        self.dropout = nn.Dropout(0.5)    # 과적합 방지를 위한 드롭아웃
    # 전결합층은 입력 크기를 알 수 없기 때문에 나중에 생성
        self.flatten_dim = None
        self.fc1 = None       # 첫 번째 FC 층은 forward에서 생성됨
        self.fc2 = nn.Linear(512, 1)    # 두 번째(출력) FC 층은 고정

    def forward(self, x):     # 합성곱 + ReLU + 풀링
        x = self.pool(F.relu(self.conv1(x)))
        x = self.pool(F.relu(self.conv2(x)))
        x = self.pool(F.relu(self.conv3(x)))

        # Flatten 후, fc1의 입력 크기를 런타임에서 계산하여 생성
        if self.fc1 is None:
            self.flatten_dim = x.view(x.size(0), -1).size(1)
```

```
        self.fc1 = nn.Linear(self.flatten_dim, 512).to(x.device)

    # Flatten
    x = x.view(x.size(0), -1)
    # 첫 번째 전결합층 + ReLU
    x = F.relu(self.fc1(x))
    # 드롭아웃 적용
    x = self.dropout(x)
    # 출력층 + sigmoid(이진 분류 확률)
    x = torch.sigmoid(self.fc2(x))
    return x
```

이 두 모델은 모두 입력 이미지가 세 번의 Conv/Pool 계층을 거치며, 이미지 크기를 줄이고 추상화한 후 Flatten된 벡터를 Fully Connected Layer에 통과시켜 최종 분류 결과를 출력한다.

PyTorch에서는 forward 메서드 내에서 모든 연산을 명시적으로 기술해야 한다. 위의 예시에서는 입력 이미지 크기나 Conv/Pool 구조가 변경될 수 있는 상황을 고려하여 forward()에서 평탄화 크기(flatten_dim)를 자동으로 계산하고, fc1을 동적으로 초기화하는 방식으로 코드를 제시한다.

```
x = x.view(x.size(0), -1)
```

💡 이 코드는 CNN을 통과한 결과를 평탄화(flatten)해주는 과정이다. 여기서 x.size(0)은 배치(batch)의 크기이고, -1은 PyTorch에게 "나머지 차원은 알아서 맞춰줘"라고 말하는 것이다. 이렇게 하면 입력 이미지 크기가 바뀌어도 자동으로 맞춰주기 때문에 유연하고 안전한 코드가 된다.

```
if self.fc1 is None:
    self.flatten_dim = x.view(x.size(0), -1).size(1)
    self.fc1 = nn.Linear(self.flatten_dim, 512).to(x.device)
```

💡 여기서는 fc1 레이어를 forward() 함수 안에서 한 번만 생성한다. 이렇게 하는 이유는, 이미지 크기나 Conv 구조가 바뀌면 평탄화 이후의 차원이 달라질 수 있기 때문이다. 그래서 처음 데이터를 받아봤을 때 그 크기에 맞춰 fc1을 만들어주는 것이다.

```
self.fc1 = nn.Linear(...).to(x.device)
```

💡 .to(x.device)는 모델이 현재 사용 중인 GPU나 CPU에 맞춰 자동으로 올바른 장치에 할당되도록 해주는 코드이다. 이렇게 해야 .to(device)로 올린 이미지와 모델이 같은 장치에 있어 연산이 제대로 된다.

모델 학습 및 시각화

모델을 설계한 후에는 훈련 데이터에 대해 학습시키고, 검증 데이터셋을 활용하여 모델의 일반화 성능을 평가한다. TensorFlow는 model.fit() 함수를 활용해 손쉽게 학습을 진행할 수 있고, PyTorch는 사용자 정의 학습 루프를 통해 유연한 학습 제어가 가능하다.

1) TensorFlow 학습 코드

```
history = model.fit(
    train_generator,
    steps_per_epoch=63,
    epochs=10,
    validation_data=val_generator,
    validation_steps=32
)
```

2) PyTorch 학습 루프 코드

```
import torch
import torch.optim as optim

model = CatDogCNN()     # 모델 인스턴스 생성
# GPU가 사용 가능하면 CUDA, 아니면 CPU 사용
```

```python
device = torch.device("cuda" if torch.cuda.is_available() else "cpu")
model.to(device)      # 모델을 해당 장치로 이동

# 이진 분류 손실 함수(Binary Cross Entropy)
criterion = nn.BCELoss()
# Adam 옵티마이저 사용, 학습률은 0.001
optimizer = optim.Adam(model.parameters(), lr=0.001)

train_losses = []     # 손실 저장용 리스트
train_accs = []       # 정확도 저장용 리스트

for epoch in range(10):       # 에폭 반복(총 10번 학습)
    model.train()             # 학습 모드 설정
    running_loss = 0.0
    correct = 0
    total = 0
    for images, labels in trainloader:    # 훈련 데이터 반복
        # 이미지와 라벨을 GPU 혹은 CPU로 이동
        images, labels = images.to(device), labels.float().unsqueeze(1).to(device)
        optimizer.zero_grad()        # 옵티마이저 초기화
        outputs = model(images)      # 모델 예측
        loss = criterion(outputs, labels) # 손실 계산
        loss.backward()              # 역전파(gradient 계산)
        optimizer.step()             # 파라미터 업데이트
        preds = (outputs > 0.5).float() # 예측 결과 → 0.5 초과면 1, 이하면 0
        correct += (preds == labels).sum().item()
        total += labels.size(0)
        running_loss += loss.item()

    epoch_loss = running_loss / len(trainloader)
    epoch_acc = correct / total
    train_losses.append(epoch_loss)
    train_accs.append(epoch_acc)
    print(f"Epoch {epoch+1} | Loss: {epoch_loss:.4f} | Acc: {epoch_acc:.4f}")
```

TensorFlow는 **model.fit()**, PyTorch는 수동 루프를 사용하며 정확도와 손실을 epoch 단위로 기록하고 시각화한다.

- TensorFlow 출력 예시

```
Epoch 1/10
63/63 ━━━━━━━━━━━━━━━━━━━━ 10s 148ms/step - accuracy: 0.5062 - loss: 0.7137 - val_accuracy: 0.6250 - val_loss: 0.6417
Epoch 2/10
63/63 ━━━━━━━━━━━━━━━━━━━━ 9s 146ms/step - accuracy: 0.6503 - loss: 0.6281 - val_accuracy: 0.6840 - val_loss: 0.6026
Epoch 3/10
63/63 ━━━━━━━━━━━━━━━━━━━━ 10s 157ms/step - accuracy: 0.7390 - loss: 0.5438 - val_accuracy: 0.6940 - val_loss: 0.5771
Epoch 4/10
63/63 ━━━━━━━━━━━━━━━━━━━━ 10s 159ms/step - accuracy: 0.7714 - loss: 0.4654 - val_accuracy: 0.7190 - val_loss: 0.5582
Epoch 5/10
63/63 ━━━━━━━━━━━━━━━━━━━━ 10s 158ms/step - accuracy: 0.7993 - loss: 0.4099 - val_accuracy: 0.7090 - val_loss: 0.5584
Epoch 6/10
63/63 ━━━━━━━━━━━━━━━━━━━━ 10s 164ms/step - accuracy: 0.8467 - loss: 0.3609 - val_accuracy: 0.7290 - val_loss: 0.5689
Epoch 7/10
63/63 ━━━━━━━━━━━━━━━━━━━━ 10s 163ms/step - accuracy: 0.8496 - loss: 0.3140 - val_accuracy: 0.7530 - val_loss: 0.5973
Epoch 8/10
63/63 ━━━━━━━━━━━━━━━━━━━━ 10s 153ms/step - accuracy: 0.8908 - loss: 0.2566 - val_accuracy: 0.7410 - val_loss: 0.7136
Epoch 9/10
63/63 ━━━━━━━━━━━━━━━━━━━━ 10s 155ms/step - accuracy: 0.9377 - loss: 0.1664 - val_accuracy: 0.7750 - val_loss: 0.7161
Epoch 10/10
63/63 ━━━━━━━━━━━━━━━━━━━━ 10s 156ms/step - accuracy: 0.9431 - loss: 0.1438 - val_accuracy: 0.7500 - val_loss: 0.8200
```

- PyTorch 출력 예시

```
Epoch 1  | Loss: 0.6928 | Acc: 0.5045
Epoch 2  | Loss: 0.6848 | Acc: 0.5665
Epoch 3  | Loss: 0.6649 | Acc: 0.5735
Epoch 4  | Loss: 0.6463 | Acc: 0.6175
Epoch 5  | Loss: 0.6368 | Acc: 0.6185
Epoch 6  | Loss: 0.6203 | Acc: 0.6450
Epoch 7  | Loss: 0.6068 | Acc: 0.6755
Epoch 8  | Loss: 0.5917 | Acc: 0.6910
Epoch 9  | Loss: 0.5952 | Acc: 0.6825
Epoch 10 | Loss: 0.5734 | Acc: 0.6980
```

시각화 결과

1) TensorFlow

```
plt.plot(history.history['accuracy'], label='Train Acc')
plt.plot(history.history['val_accuracy'], label='Val Acc')
plt.title('TensorFlow Accuracy Curve')
plt.xlabel('Epoch')
plt.ylabel('Accuracy')
plt.legend()
plt.show()

plt.plot(history.history['loss'], label='Train Loss')
plt.plot(history.history['val_loss'], label='Val Loss')
plt.title('TensorFlow Loss Curve')
plt.xlabel('Epoch')
plt.ylabel('Loss')
plt.legend()
plt.show()
```

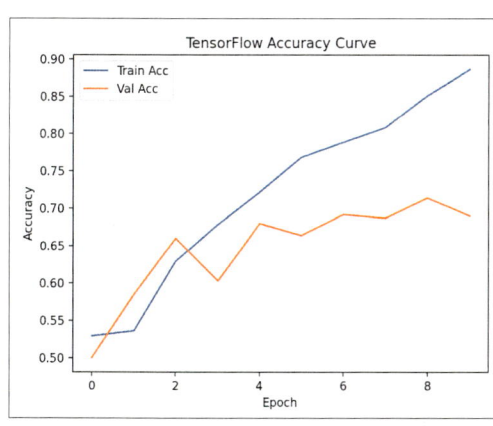
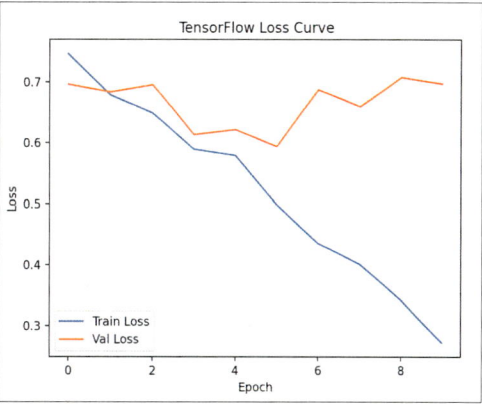

💡 결과 해석

훈련 정확도와 검증 정확도가 큰 차이를 보인다면 과적합을 의심해 볼 수 있다.

2) PyTorch

```
plt.plot(train_accs, label='Train Acc')
plt.plot(train_losses, label='Train Loss')
plt.title('PyTorch Training Curve')
plt.legend()
plt.show()
```

오분류 이미지 분석

모델이 예측을 잘못한 이미지들을 시각화하면 어떤 조건에서 혼란이 발생하는지 분석할 수 있다. 이 과정은 모델의 약점을 파악하고 개선 방향을 제시하는 데 도움이 된다. TensorFlow와 PyTorch 모두 예측 결과와 정답을 비교해 오분류된 이미지를 수집하고 시각화할 수 있다.

1) TensorFlow 오분류 시각화 코드

```
from tensorflow.keras.preprocessing.image import ImageDataGenerator

test_datagen = ImageDataGenerator(rescale=1./255)
test_generator = test_datagen.flow_from_directory(
    'cats_and_dogs_small/test',
    target_size=(150, 150),
    batch_size=1,
    class_mode='binary',
    shuffle=False
)

import numpy as np
import matplotlib.pyplot as plt
```

```
# 예측 수행
preds = model.predict(test_generator)
pred_classes = (preds > 0.5).astype(int).flatten()
true_classes = test_generator.classes

# 오분류 인덱스 추출
misclassified_idx = np.where(pred_classes != true_classes)[0]

# 오분류 이미지 시각화
plt.figure(figsize=(10,5))
for i, idx in enumerate(misclassified_idx[:10]):
    img, _ = test_generator[idx]   # 배치 크기 1이므로 [0]만 추출
    plt.subplot(2,5,i+1)
    plt.imshow(img[0])
    plt.title(f"Pred: {pred_classes[idx]} / True: {true_classes[idx]}", fontsize=8)
    plt.axis('off')
plt.tight_layout()
plt.show()
```

💡 shuffle=False 옵션은 예측값 순서를 정답 레이블과 정확히 맞추기 위해 필요하다.

- 시각화 결과

2) PyTorch 오분류 시각화 코드

```
import torch

classes = ['cat', 'dog']        # 분류 클래스 이름
misclassified = []              # 오분류된 결과를 저장할 리스트
model.eval()                    # 모델을 평가 모드로 전환

# 학습이 아닌 예측 시에는 gradient 계산을 비활성화(속도 향상)
with torch.no_grad():
    for images, labels in testloader:
        images, labels = images.to(device), labels.to(device)
        outputs = model(images)
        # 0.5보다 크면 '1(개)', 작으면 '0(고양이)'로 예측
        preds = (outputs > 0.5).float().squeeze()
        # 예측값과 실제값 비교하여 오분류 항목 저장
        for i in range(len(labels)):
            if preds[i].item() != labels[i].item():
                misclassified.append((
                    images[i].cpu(),         # 이미지 텐서를 CPU로 이동
                    int(preds[i].item()),    # 예측 결과(0 또는 1)
                    int(labels[i].item())    # 실제 정답
                ))

import matplotlib.pyplot as plt
plt.figure(figsize=(10,5))
for i, (img, pred, label) in enumerate(misclassified[:10]):
    img = img * 0.5 + 0.5       # 정규화 해제(unnormalize)
    npimg = img.numpy().transpose((1,2,0))
    plt.subplot(2,5,i+1)
    plt.imshow(npimg)
    plt.title(f"Pred: {classes[pred]} | True: {classes[label]}",
        fontsize=8)
    plt.axis('off')

plt.tight_layout()
plt.show()
```

- 시각화 결과

오분류된 이미지 확인 및 시각화

모델의 예측 결과와 실제 레이블을 비교하여 오분류된 이미지를 확인하고 시각화한다. 먼저 테스트 데이터를 불러올 generator 및 loader를 정의해야 한다.

1) TensorFlow

```python
# 테스트 데이터 제너레이터 정의
from tensorflow.keras.preprocessing.image import ImageDataGenerator

test_datagen = ImageDataGenerator(rescale=1./255)
test_generator = test_datagen.flow_from_directory(
    'cats_and_dogs_small/test',
    target_size=(150, 150),
    batch_size=1,
    class_mode='binary',
    shuffle=False
)
```

2) PyTorch

```
test_transform = transforms.Compose([
    transforms.Resize((150, 150)),
    transforms.ToTensor(),
    transforms.Normalize([0.5], [0.5])
])

test_dataset = datasets.ImageFolder('cats_and_dogs_small/test', transform=test_transform)
testloader = DataLoader(test_dataset, batch_size=32, shuffle=False)
```

이제 모델의 예측값을 얻고, 오분류된 이미지를 찾아 시각화할 수 있다.

💡 분석 포인트

고양이를 개로 분류하거나, 반대로 잘못 예측한 패턴이 있다면 이미지 밝기, 방향, 배경이 영향을 미쳤는지를 살펴본다. 만약 오분류가 특정 클래스에 편중되어 있다면 클래스 불균형 또는 모델 편향을 의심할 수 있다. 이 분석은 후속 단계에서 전이 학습 또는 데이터 증강을 어떻게 보완할지를 결정하는 데 큰 힌트를 제공한다.

프레임워크 차이 요약

항목	TensorFlow	PyTorch
데이터 로딩	ImageDataGenerator	ImageFolder + transform
손실 함수	binary_crossentropy	BCELoss(Sigmoid 포함)
학습 루프	model.fit() 자동 수행	사용자 정의 루프
레이블 타입	자동 float 처리	long → float 변환 필요

📁 도전 미션: 성능 개선 전략

다음 전략을 하나 이상 적용해 85% 이상의 validation accuracy를 달성해보자.

- Dropout 비율 튜닝
- EarlyStopping 적용
- Pretrained 모델 전이 학습(VGG16)
- LearningRateScheduler로 학습률 조절
- Test 셋에 대한 혼동 행렬 출력

📄 정리

항목	내용
목표	고양이 vs 강아지 이진 분류 CNN 구현
데이터셋	소형 Dogs vs. Cats 데이터셋
기술 요소	이미지 증강, CNN 설계, 오분류 분석, 성능 향상
프레임워크	TensorFlow & PyTorch 병행 구현

5부

실시간 객체 인식 프로젝트 완성

— 컴퓨터가 영상 이미지를 인식하도록 하기

OpenCV와 사전 학습 모델로
객체 탐지 프로젝트 완성

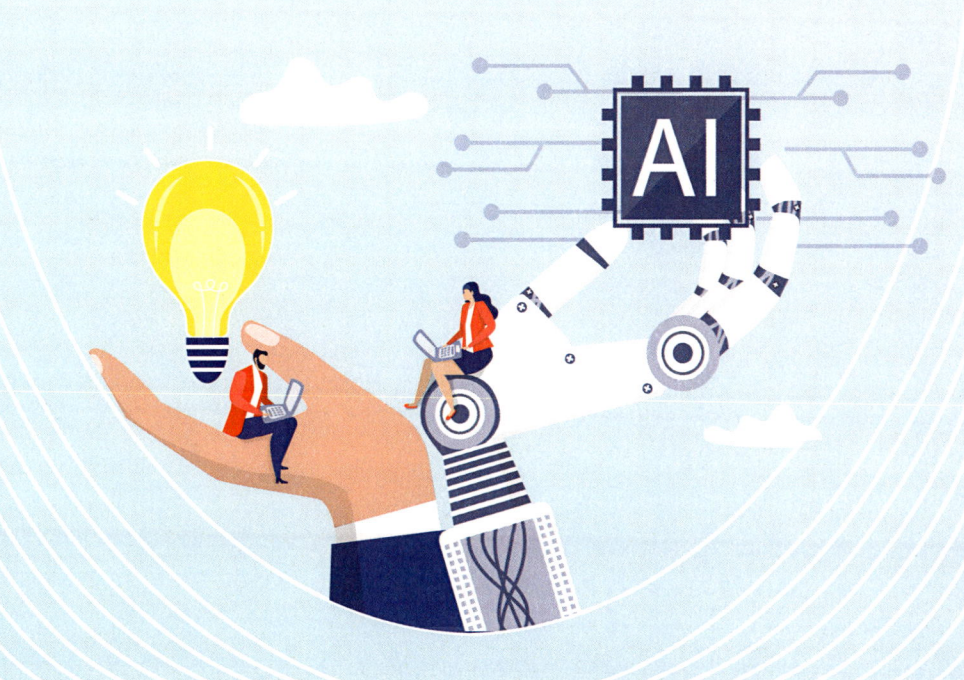

다양한 분야에서 활용되는 객체 인식 기술

카메라를 통해 컴퓨터가 사람 및 사물을 인식하도록 하는 기술은 신원 파악, 재난 감시, 자율주행, 자동차 번호판 탐지 등에 널리 활용되고 있다. 여기서는 OpenCV와 Haar Cascade, YOLO 모델 등을 활용하는 법을 배우고 흐릿한 이미지를 선명하게 복원하는 기술도 익혀본다.

20. 객체 인식이란 무엇인가?

- 객체 인식의 개념과 활용

객체 인식(Object Detection)은 이미지나 영상 속에 존재하는 여러 객체의 위치를 탐지하고, 그것이 무엇인지 분류하는 기술이다. 단순히 이미지 전체를 하나의 클래스로 분류하는 작업(예: 고양이 사진인지 아닌지)을 넘어서, 하나의 이미지 안에서 여러 객체를 개별적으로 찾아내고 각각의 종류를 판단하는 것이 객체 인식의 핵심이다.

예를 들어 거리의 영상에서 자동차, 사람, 자전거가 동시에 존재한다면 객체 인식은 이들을 사각형 박스로 정확히 감싸고, 그 객체가 어떤 종류인지를 동시에 예측한다. 이렇게 위치 탐지와 분류를 동시에 수행하는 점이 객체 인식만의 특징이다.

객체 인식과 관련 기술의 비교

기술	주요 기능	예시
분류 (Classification)	이미지 전체를 하나의 클래스로 분류	'고양이 사진인가?'
분할 (Segmentation)	이미지의 모든 픽셀에 클래스를 할당	'여기부터 저기까지는 고양이'
객체 인식 (Object Detection)	객체의 위치를 사각형 박스로 감싸고, 클래스 분류	'여기 고양이 1마리, 저기 자동차 1대'

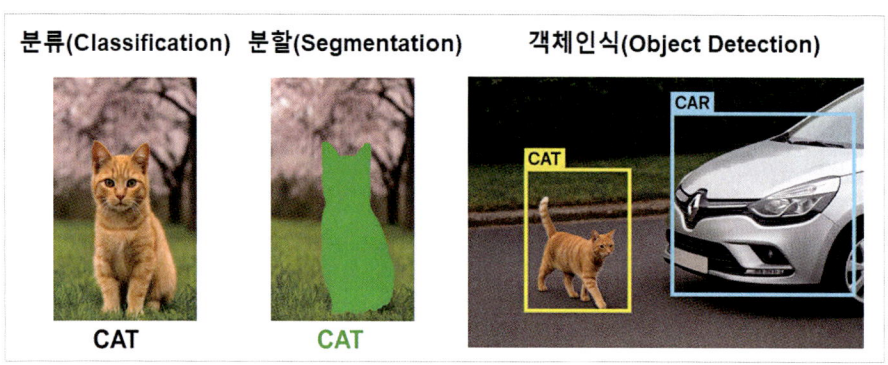

객체 인식은 이처럼 이미지 내 복수 객체의 위치와 종류를 동시에 예측하며, 다양한 인공지능 응용 분야에서 필수적으로 활용되고 있다.

객체 인식 기술의 구조

객체 인식 모델은 보통 다음과 같은 3단계로 구성된다.

- **Backbone**: 이미지로부터 중요한 특징(Feature)을 추출하는 단계(예: ResNet, VGG)
- **Neck**: 추출된 다양한 수준의 특징 맵(feature map)을 통합하고, 객체의 크기나 위치에 따라 다양한 스케일을 고려하도록 정보를 가공(예: FPN, PANet)
- **Head**: 객체의 위치(바운딩 박스)와 클래스 정보를 예측(예: YOLO, Faster R-CNN Head)

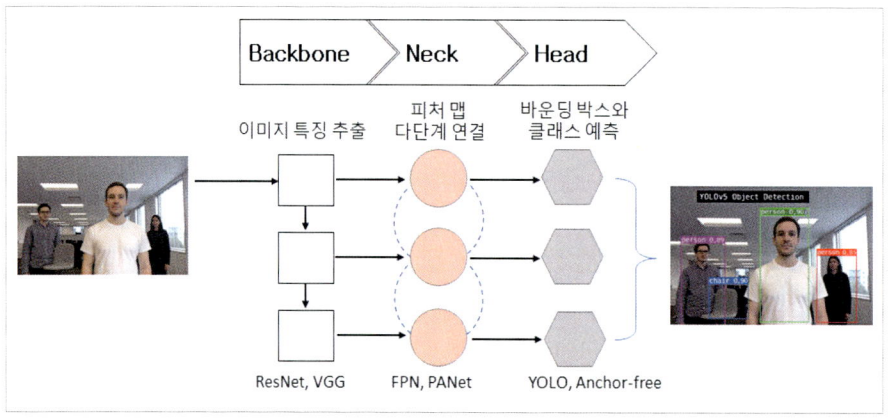

객체 인식 기술의 분류

객체 인식 기술은 그 구조와 연산 방식에 따라 크게 Two-Stage 방식과 One-Stage 방식, 그리고 최근 각광받는 Anchor-Free 방식으로 나눌 수 있다. 이들 기술은 성능과 속도, 구현 복잡도 면에서 각각의 장단점을 가진다.

1) Two-Stage 방식: 정확도 중심의 단계별 탐지

Two-Stage 방식은 먼저 객체가 있을 법한 후보 영역(Region Proposal)을 탐색한 후, 해당 영역을 정밀하게 분류하는 방식이다. 대표적인 모델로는 R-CNN 계열(Fast R-CNN, Faster R-CNN 등)이 있다. 이 방식은 정확도가 매우 높고 복잡한 배경에서도 객체를 잘 분리해내는 장점이 있지만, 구조가 복잡하고 실시간 처리가 어렵다는 단점이 있다. 연구 목적이나 정밀 탐지가 필요한 분야에서 여전히 널리 사용된다.

2) One-Stage 방식: 실시간 응용에 적합한 고속 탐지

One-Stage 방식은 이미지 전체를 한 번에 처리하여, 바운딩 박스와 클래스 정보를 동시에 예측하는 방식이다. 대표적인 모델로는 YOLO(You Only Look Once) 시리즈와 SSD(Single Shot MultiBox Detector)가 있다. 이 방식은 속도가 빠르고 구조가 단순하며 실시간 응용이 가능하다는 장점이 있다. 자율주행 차량, 스마트 CCTV, 로봇 비전 등 실시간성이 중요한 분야에 주로 활용된다.

3) Anchor-Free 방식: 새롭게 부상하는 유연한 탐지 방식

최근에는 사전 정의된 위치 기준(Anchor Box) 없이 객체 중심점을 예측하거나 특징 기반으로 직접 바운딩 박스를 생성하는 Anchor-Free 방식도 빠르게 발전하고 있다. 대표적인 모델로는 CenterNet, FCOS, YOLOv8(Anchor-Free 버전) 등이 있으며, 이러한 모델들은 구현이 간단하고 특정 상황에서 더욱 강력한 성능을 보이는 경우도 많다.

이 책의 실습에서 활용할 객체 인식 기술

이와 같이 객체 인식 기술은 요구되는 정확도, 속도, 환경 조건에 따라 다양한 구조로 발전해왔다. 이 책에서는 이 중에서 특히 실시간 객체 탐지에 강점을 보이는 One-Stage 방식의 YOLO 모델을 중심으로 실습을 진행한다. 하지만 독자들은 각 방식의 개념을 폭넓게 이해함으로써, 자신의 프로젝트나 연구 목적에 가장 적합한 객체 인식 방식을 선택할 수 있을 것이다.

21. OpenCV로 영상 불러오기

- 웹캠, 이미지 읽기, 화면에 그리기

실시간 객체 인식을 하려면 우선 영상을 불러오고 처리하는 능력이 필요하다. 여기에서는 OpenCV 라이브러리를 이용하여 이미지와 동영상을 불러오고, 웹캠에서 실시간 영상을 받아와 화면에 표시하는 방법을 다룬다. OpenCV는 컴퓨터 비전 분야에서 가장 널리 사용되는 라이브러리 중 하나이며, 다양한 영상 처리 기능을 지원한다.

OpenCV 설치 및 기본 설정

OpenCV는 Python에서 cv2라는 이름으로 불러올 수 있다. 다음 명령어로 설치할 수 있다.

```
pip install opencv-python
```

설치 후에는 다음과 같이 라이브러리를 임포트한다.

```
import cv2
```

이미지 불러오기 및 출력하기

가장 기본적인 사용법은 이미지 파일을 불러와 화면에 출력하는 것이다.

```
import cv2

# 이미지 읽기
image = cv2.imread('cat.jpg')

# 이미지가 정상적으로 불러와졌는지 확인
if image is None:
    print("이미지를 불러올 수 없습니다.")
else:
    # 이미지 보여주기
    cv2.imshow('Cat Image', image)
    cv2.waitKey(0)   # 키 입력 대기
    cv2.destroyAllWindows()   # 창 닫기
```

- 실행 결과

이미지가 새로운 창에 표시되며, 'q' 키를 누르면 창이 닫힌다.

웹캠 영상 받아오기

다음 코드는 웹캠으로부터 실시간 영상을 받아와 화면에 표시한다.

```
import cv2

# 0번 카메라 (기본 웹캠) 열기
cap = cv2.VideoCapture(0)

if not cap.isOpened():
```

```
        print("웹캠을 열 수 없습니다.")
        exit()

while True:
    ret, frame = cap.read()
    if not ret:
        print("프레임을 읽을 수 없습니다.")
        break

    cv2.imshow('Webcam', frame)

    if cv2.waitKey(1) & 0xFF == ord('q'):
        break

cap.release()
cv2.destroyAllWindows()
```

- 실행 결과

웹캠 영상이 실시간으로 창에 출력되며, 'q' 키를 누르면 종료된다.

영상에 도형 그리기

OpenCV는 이미지 위에 도형을 그리는 기능도 지원한다. 다음은 웹캠 영상에 사각형을 그리는 예제이다.

```
import cv2

cap = cv2.VideoCapture(0)

while True:
    ret, frame = cap.read()
```

```
        if not ret:
            break

        # 사각형 그리기 (x, y, x+w, y+h)
        cv2.rectangle(frame, (100, 100), (300, 300), (0, 255, 0), 2)

        cv2.imshow('Webcam with Rectangle', frame)
        if cv2.waitKey(1) & 0xFF == ord('q'):
            break

cap.release()
cv2.destroyAllWindows()
```

- 실행 결과

웹캠 영상 위에 녹색 사각형이 표시되며, 이는 이후 객체 인식 결과를 표시할 때 유용하게 사용된다.

마우스로 사각형 이동시키기

이번에는 영상 위에 그린 사각형을 마우스로 드래그하여 이동할 수 있도록 구현해보자. 이 기능은 사용자 인터페이스나 객체 추적 시 매우 유용하게 사용된다.

```
import cv2

# 초기 사각형 위치
rect_start = (100, 100)
rect_end = (300, 300)
dragging = False
offset = (0, 0)

def mouse_event(event, x, y, flags, param):
```

```python
        global rect_start, rect_end, dragging, offset

        if event == cv2.EVENT_LBUTTONDOWN:
            # 클릭이 사각형 안에서 일어난 경우에만 드래그 시작
            if rect_start[0] <= x <= rect_end[0] and rect_start[1] <= y <= rect_end[1]:
                dragging = True
                offset = (x - rect_start[0], y - rect_start[1])

        elif event == cv2.EVENT_MOUSEMOVE and dragging:
            x1 = x - offset[0]
            y1 = y - offset[1]
            width = rect_end[0] - rect_start[0]
            height = rect_end[1] - rect_start[1]
            rect_start = (x1, y1)
            rect_end = (x1 + width, y1 + height)

        elif event == cv2.EVENT_LBUTTONUP:
            dragging = False

cap = cv2.VideoCapture(0)
cv2.namedWindow('Drag Rectangle')
cv2.setMouseCallback('Drag Rectangle', mouse_event)

while True:
    ret, frame = cap.read()
    if not ret:
        break

    # 사각형 그리기
    cv2.rectangle(frame, rect_start, rect_end, (0, 255, 0), 2)
    cv2.imshow('Drag Rectangle', frame)

    if cv2.waitKey(1) & 0xFF == ord('q'):
        break

cap.release()
cv2.destroyAllWindows()
```

- 실행 결과

초기 사각형이 표시된다. 마우스로 사각형을 클릭하고 드래그하면 위치를 자유롭게 조정할 수 있다. 'q' 키를 누르면 종료된다.

📋 정리

여기서는 OpenCV를 이용한 이미지 파일 불러오기, 웹캠 영상 받아오기, 영상 위에 도형 그리기를 실습하였다. 이 기능들은 객체 인식 결과를 시각화하는 데 필수적인 요소들이다.

다음 장에서는 실제로 얼굴을 인식하는 첫 번째 컴퓨터 비전 알고리즘인 Haar Cascade를 사용하여 웹캠 영상에서 얼굴을 탐지하고 표시하는 방법을 알아본다. 실시간 객체 인식의 첫걸음을 함께 내딛어보자.

22. 얼굴 인식의 첫걸음: Haar Cascade

- 얼굴 찾기, 상자 그리기

실시간 객체 인식에서 가장 대표적인 예는 얼굴 인식이다. 이번 장에서는 OpenCV에서 제공하는 전통적인 얼굴 인식 기법인 Haar Cascade Classifier를 활용해 웹캠 영상에서 얼굴을 탐지하는 방법을 학습한다. 이 기술은 비교적 가볍고 빠르며, 간단한 얼굴 탐지에 적합하다.

Haar Cascade란?

Haar Cascade는 사각형 기반의 특징(feature)을 이용하여 얼굴, 눈, 손 등의 객체를 빠르게 탐지하는 알고리즘이다. 다음과 같은 특징이 있다.

- 사전 학습된 XML 파일을 이용해 얼굴 검출
- 빠른 연산이 가능해 실시간 처리에 유리
- 얼굴 외에도 눈, 입, 고양이 얼굴 등 다양한 사전 모델 존재

OpenCV는 이미 학습된 Haar 모델 파일을 제공하므로, 이를 활용하면 별도의 학습 없이도 쉽게 인식 기능을 구현할 수 있다.

사전 준비: Haar 모델 파일 다운로드

OpenCV 설치 폴더 내부 또는 공식 GitHub 저장소에서 다음과 같은 XML 파일을 사용할 수 있다.

- haarcascade_frontalface_default.xml

GitHub에서 직접 다운로드도 가능하다.

- https://github.com/opencv/opencv/tree/master/data/haarcascades

다운로드한 XML 파일은 Python 코드와 같은 디렉토리에 두면 편리하다.

얼굴 인식 코드 구현하기

```
import cv2

# 얼굴 검출용 Haar Cascade 로드
face_cascade = cv2.CascadeClassifier('haarcascade_frontalface_default.xml')

# 웹캠 열기
cap = cv2.VideoCapture(0)

while True:
    ret, frame = cap.read()
    if not ret:
        break

    gray = cv2.cvtColor(frame, cv2.COLOR_BGR2GRAY)  # 흑백 변환
    faces = face_cascade.detectMultiScale(gray, scaleFactor=1.1, minNeighbors=5)
```

```
    for (x, y, w, h) in faces:
        cv2.rectangle(frame, (x, y), (x+w, y+h), (255, 0, 0), 2)

    cv2.imshow('Face Detection', frame)
    if cv2.waitKey(1) & 0xFF == ord('q'):
        break

cap.release()
cv2.destroyAllWindows()
```

💡 주요 코드 설명

cv2.CascadeClassifier(…): 사전 학습된 얼굴 인식 모델을 로드

cv2.cvtColor(…, COLOR_BGR2GRAY): 얼굴 인식은 흑백 영상에서 수행됨

detectMultiScale(…): 영상에서 여러 얼굴 위치를 탐지함

cv2.rectangle(…): 탐지된 얼굴을 사각형으로 표시함

- 실행 결과 예시

웹캠을 통해 얼굴을 인식하면 영상 속 얼굴 부위에 파란색 사각형이 그려진다. 다수의 얼굴도 동시에 탐지할 수 있다.

인식 성능 향상을 위한 팁

- scaleFactor 값을 1.1~1.3 사이에서 조정하면 인식 정확도와 속도 간 균형을 맞출 수 있다.
- minNeighbors 값을 낮추면 더 민감하게 인식하지만 오탐 가능성도 증가한다.
- 다음과 같이 minSize, maxSize 인자를 추가하면 크기 제한도 가능하다.

```
faces = face_cascade.detectMultiScale(
    gray, scaleFactor=1.1, minNeighbors=5,
    minSize=(30, 30), maxSize=(300, 300))
```

🎯 다양한 Haar Cascade 객체 인식 예제

얼굴 외에도 다양한 대상을 인식할 수 있는 Haar Cascade 모델을 활용한 예제를 실습해 보자. Haar Cascade는 얼굴 이외에도 눈, 미소, 고양이 얼굴, 상반신, 번호판 등 다양한 사전 학습 모델을 통해 실시간 또는 정적 이미지에서 객체를 탐지할 수 있다. OpenCV는 이러한 XML 모델을 다수 제공하며, 이를 적절히 불러와 이미지 또는 영상 프레임에 적용하면서 다양한 실습이 가능하다.

각 예제는 단순히 사각형을 표시하는 데 그치지 않고, 실제 프로젝트에서 다양한 활용으로 이어질 수 있다. 예를 들어 눈 인식은 졸음운전 감지에, 미소 인식은 감정 분석 시스템에, 번호판 인식은 차량 추적에 활용될 수 있다.

이 절의 예제들은 학습자가 Haar Cascade의 확장성과 범용성을 이해하는 데 큰 도움이 될 것이다.

객체 종류	XML 파일 이름	설명
눈	haarcascade_eye.xml	얼굴 인식 후 눈 위치도 탐지 가능
미소(웃는 입)	haarcascade_smile.xml	웃는 표정 탐지에 사용
고양이 얼굴	haarcascade_frontalcatface.xml	동물 얼굴도 탐지 가능
상반신, 하반신	haarcascade_upperbody.xml, haarcascade_lowerbody.xml	전신 인식이 어려운 경우 활용
자동차 번호판	haarcascade_russian_plate_number.xml	차량 이미지 분석 등에 활용

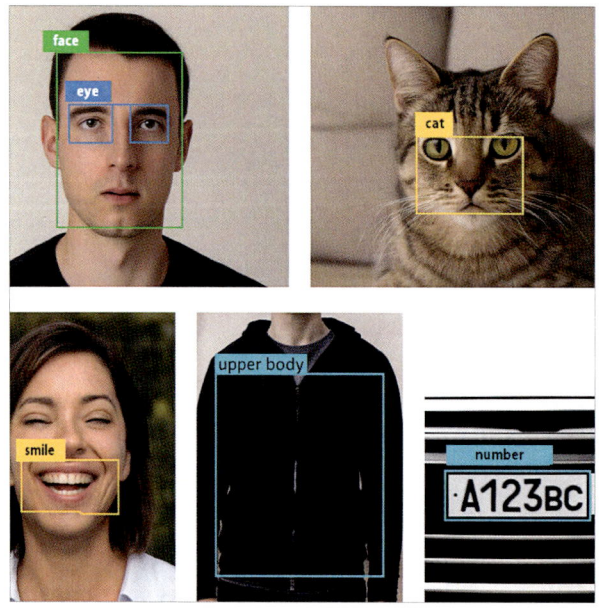

1) 얼굴 + 눈 인식

이 예제는 얼굴뿐만 아니라 눈까지 함께 인식하는 실습이다. 먼저 얼굴을 인식한 후, 얼굴 내부 영역(ROI: Region of Interest)에서 눈을 추가로 탐지한다. 이렇게 부분 객체를 계층적으로 탐지하는 방식은 얼굴 특징 분석이나 표정 인식 같은 고급 비전 기술의 기초가 된다. 눈 인식은 졸음운전 감지 시스템이나 사용자 시선 추적 인터페이스 등에 응용될 수 있다.

```
import cv2

# 미리 학습된 얼굴 및 눈 인식용 분류기 로드

# 얼굴
face_cascade = cv2.CascadeClassifier('haarcascade_frontalface_default.xml')
# 눈
eye_cascade = cv2.CascadeClassifier('haarcascade_eye.xml')

cap = cv2.VideoCapture(0)     # 웹캠 영상 캡처 시작(0번 카메라)

while True:
    ret, frame = cap.read()    # 프레임 읽기
    if not ret:
        break

# 컬러 이미지를 흑백으로 변환(얼굴 인식을 위해)
    gray = cv2.cvtColor(frame, cv2.COLOR_BGR2GRAY)
# 얼굴 검출(scaleFactor=1.1, minNeighbors=5는 정확도 조절 파라미터)
    faces = face_cascade.detectMultiScale(gray, 1.1, 5)

# 검출된 얼굴마다 처리
    for (x, y, w, h) in faces:
        cv2.rectangle(frame, (x, y), (x + w, y + h), (255, 0, 0), 2)
      # 얼굴 영역만 잘라서 눈 검출
        roi_gray = gray[y:y+h, x:x+w]
        roi_color = frame[y:y+h, x:x+w]
```

```
            eyes = eye_cascade.detectMultiScale(roi_gray)
            for (ex, ey, ew, eh) in eyes:
                # 초록색 사각형
                cv2.rectangle(roi_color, (ex, ey), (ex + ew, ey + eh), (0, 255, 0), 2)

    cv2.imshow('Face and Eyes', frame)        # 화면에 결과 보여주기

    if cv2.waitKey(1) & 0xFF == ord('q'):     # 'q' 키를 누르면 종료
        break

cap.release()                                 # 종료 처리
cv2.destroyAllWindows()
```

2) 웃는 얼굴(미소) 인식

이 예제로는 사람의 얼굴에서 웃는 표정(미소)을 인식하는 방법을 실습한다. 먼저 얼굴을 탐지한 후, 얼굴 영역 내에서 haarcascade_smile.xml 모델을 이용해 입 주변의 미소 여부를 판단한다. 이 기능은 감정 분석, 고객 만족도 모니터링, UX(User Experience) 반응 분석 등 다양한 분야에서 활용될 수 있다. 단, 미소 탐지는 조명, 각도, 거리 등에 민감하므로 적절한 파라미터 튜닝이 중요하다.

```
import cv2

# 얼굴과 웃음 인식을 위한 사전 학습된 분류기 로드
face_cascade = cv2.CascadeClassifier('haarcascade_frontalface_default.xml')
smile_cascade = cv2.CascadeClassifier('haarcascade_smile.xml')
cap = cv2.VideoCapture(0)      # 웹캠 시작(0번 카메라)
while True:
    ret, frame = cap.read()    # 프레임 읽기
    if not ret:
        break
    # 컬러 영상을 흑백으로 변환(CascadeClassifier는 흑백 이미지를 사용)
    gray = cv2.cvtColor(frame, cv2.COLOR_BGR2GRAY)
```

```
    # 얼굴 검출(scaleFactor=1.3, minNeighbors=5는 감도 조절값)
    faces = face_cascade.detectMultiScale(gray, 1.3, 5)
    # 얼굴이 검출되면 그 영역에서 웃음을 추가 탐지
    for (x, y, w, h) in faces:
        # 얼굴 영역만 잘라서 분석
        roi_gray = gray[y:y+h, x:x+w]
        # 컬러 영상에서도 동일 영역 추출
        roi_color = frame[y:y+h, x:x+w]
        # 웃음 검출(scaleFactor=1.8, minNeighbors=20로 더 까다롭게 탐지)
        smiles = smile_cascade.detectMultiScale(roi_gray, 1.8, 20)
        # 웃음 감지 영역에 빨간색 박스 표시
        for (sx, sy, sw, sh) in smiles:
            cv2.rectangle(roi_color, (sx, sy), (sx + sw, sy + sh), (0, 0, 255), 2)
    cv2.imshow('Smile Detection', frame)     # 결과 영상 출력
    if cv2.waitKey(1) & 0xFF == ord('q'):    # 'q' 키를 누르면 종료
        break
cap.release()                                # 웹캠 종료 및 창 닫기
cv2.destroyAllWindows()
```

3) 고양이 얼굴 인식(정지 이미지 기반)

이 예제는 Haar Cascade를 이용해 정지 이미지에서 고양이의 얼굴을 탐지하는 예제를 다룬다. 사람 얼굴 탐지와 같은 방식으로 작동하며, 고양이 얼굴에 특화된 Haar 모델(haarcascade_frontalcatface.xml)을 사용한다.

이미지를 불러와 흑백으로 변환한 후, detectMultiScale() 함수를 사용해 고양이 얼굴의 위치를 찾고, cv2.rectangle()로 사각형을 그려 시각화한다. 이 예제는 다음과 같은 학습 및 실습 효과가 있다.

- 사람 이외의 객체 탐지 가능성 이해
- 정적 이미지 기반 탐지 프로세스 체험
- 동물 탐지, 반려동물 모니터링, 사진 필터링 등의 응용 가능성 체득

실시간이 아닌 이미지 파일을 대상으로 하므로 비교적 쉽게 실습해볼 수 있는 좋은 출발점이다.

```python
import cv2

# 고양이 얼굴 감지를 위한 분류기 로드
cat_cascade = cv2.CascadeClassifier('haarcascade_frontalcatface.xml')
# 이미지 불러오기
image = cv2.imread('cat.jpg')
# 컬러 이미지를 흑백으로 변환(CascadeClassifier는 흑백 입력 필요)
gray = cv2.cvtColor(image, cv2.COLOR_BGR2GRAY)
# 고양이 얼굴 탐지(scaleFactor=1.1, minNeighbors=3)
cats = cat_cascade.detectMultiScale(gray, 1.1, 3)
# 탐지된 고양이 얼굴에 노란색 사각형 그리기
for (x, y, w, h) in cats:
    # BGR → 노란색
    cv2.rectangle(image, (x, y), (x + w, y + h), (0, 255, 255), 2)
cv2.imshow('Cat Face', image)    # 결과 이미지 화면에 출력
cv2.waitKey(0)                   # 키 입력 기다림
cv2.destroyAllWindows()          # 모든 OpenCV 창 닫기
```

4) 상반신 인식

이 예제에서는 사람의 상반신을 인식한다. 얼굴만으로는 사람 전체를 인식하기 어려운 경우나, 전신 인식이 어려운 카메라 환경에서 상반신만 인식하는 모델은 매우 유용하게 쓰인다. 특히 사람 수 계산, CCTV 감시, 출입자 분석 등에서 활용된다. haarcascade_upperbody.xml은 비교적 낮은 해상도에서도 잘 작동하지만, 사람의 자세에 따라 탐지 성능이 달라질 수 있다.

```python
import cv2

# 상반신 감지를 위한 사전 학습된 분류기 로드
upper_body_cascade = cv2.CascadeClassifier('haarcascade_upperbody.xml')
```

```
cap = cv2.VideoCapture(0)        # 웹캠 열기(0번 카메라)

while True:
    ret, frame = cap.read()      # 프레임 읽기
    if not ret:
        break

    # 컬러 이미지를 흑백으로 변환(분류기는 흑백 입력 필요)
    gray = cv2.cvtColor(frame, cv2.COLOR_BGR2GRAY)
    # 상반신 탐지(scaleFactor=1.1, minNeighbors=5)
    bodies = upper_body_cascade.detectMultiScale(gray, 1.1, 5)

    # 탐지된 영역에 노란 사각형 그리기
    for (x, y, w, h) in bodies:
        cv2.rectangle(frame, (x, y), (x+w, y+h), (255, 255, 0), 2)

    cv2.imshow('Upper Body Detection', frame)   # 결과 영상 출력
    if cv2.waitKey(1) & 0xFF == ord('q'):       # 'q' 키를 누르면 종료
        break

cap.release()                                   # 자원 해제 및 창 닫기
cv2.destroyAllWindows()
```

5) 차량 번호판 인식(러시아 번호판 예시)

이 예제는 차량 이미지에서 번호판을 인식하는 방법을 보여준다. 번호판은 정형화된 패턴을 가지고 있어 Haar Cascade 기반 탐지에 적합하며, 특히 교통 감시나 주차 관리 및 속도 감지 카메라 시스템 등에 필수적으로 활용된다. OpenCV에서는 러시아 번호판에 최적화된 haarcascade_russian_plate_number.xml을 제공하지만, 이외의 지역에 적용하려면 커스텀 학습이 필요할 수 있다.

```
import cv2
```

```
# 번호판 인식을 위한 사전 학습된 분류기 로드
plate_cascade = cv2.CascadeClassifier('haarcascade_russian_plate_number.xml')
# 차량 이미지 불러오기
image = cv2.imread('car.jpg')
# 컬러 이미지를 흑백으로 변환(Cascade 분류기는 흑백 이미지 사용)
gray = cv2.cvtColor(image, cv2.COLOR_BGR2GRAY)
# 번호판 탐지(scaleFactor=1.1, minNeighbors=4는 감도 설정)
plates = plate_cascade.detectMultiScale(gray, 1.1, 4)
# 탐지된 번호판에 노란색 사각형 그리기
for (x, y, w, h) in plates:
    cv2.rectangle(image, (x, y), (x+w, y+h), (0, 255, 255), 2)

cv2.imshow('License Plate', image)     # 결과 이미지 출력
cv2.waitKey(0)                          # 키 입력 대기
cv2.destroyAllWindows()                 # 창 닫기
```

마무리

 지금까지 Haar Cascade를 활용하여 실시간 얼굴 인식을 구현하고, 눈, 미소, 고양이 얼굴, 상반신, 차량 번호판 등의 다양한 객체를 인식하는 예제도 함께 살펴보았다. 비교적 간단한 코드로도 실시간 객체 탐지를 수행할 수 있으며, 이는 향후 다양한 인공지능 프로젝트의 기반이 될 수 있다.

 다음 장에서는 'YOLO(You Only Look Once)'와 같은 딥러닝 기반 객체 탐지 모델을 활용하여 보다 정교한 실시간 객체 탐지 시스템을 구축하는 방법을 다룰 예정이다.

23. YOLO 모델로 실시간 객체 탐지

- 사전 학습된 YOLO 모델 활용

이전 장에서 Haar Cascade 기반의 전통적인 객체 인식을 배웠다면, 이번 장에서는 YOLO(You Only Look Once)라는 딥러닝 기반 객체 탐지 알고리즘을 사용하여 실시간으로 다양한 객체를 탐지하는 방법을 소개한다. YOLO는 정확도와 속도 면에서 매우 뛰어나며, 하나의 프레임에서 여러 객체를 동시에 빠르게 인식할 수 있다.

YOLO란 무엇인가?

YOLO는 'You Only Look Once'의 약자로, 입력 이미지를 한 번만 처리하여 객체의 위치와 클래스 정보를 동시에 예측하는 One-Stage 객체 탐지 모델이다. 기존 R-CNN 계열의 Two-Stage 방식이 먼저 후보 영역을 추출한 후 각 영역을 분류하는 절차를 따랐다면, YOLO는 이미지 전체를 한 번에 처리하여 빠르고 효율적인 객체 탐지를 가능하게 한다.

YOLO의 작동 방식은 다음과 같이 요약된다.

(1) S × S 그리드로 이미지 분할: 입력 이미지는 S × S 크기의 격자(grid)로 나뉜다. 각 셀은 해당 영역에 객체의 중심이 포함될 경우 해당 객체를 예측할 책임을 진다.

(2) 바운딩 박스 + 신뢰도 예측: 각 셀은 2개 이상의 바운딩 박스를 예측하며, 각 박스는 위치(x, y, w, h) 정보와 함께 객체 존재 확률(Confidence Score)을 출력한다.

(3) 클래스 확률 지도 생성: 각 셀은 특정 클래스일 확률도 예측하며, 신뢰도와 곱해 최종 객체 클래스를 판별한다.

(4) 최종 탐지 결과 도출: 중복된 바운딩 박스를 비슷한 위치와 크기로 그룹화하고(Non-Maximum

Suppression), 신뢰도가 가장 높은 결과만 남겨 최종적으로 객체의 위치와 종류를 출력한다.

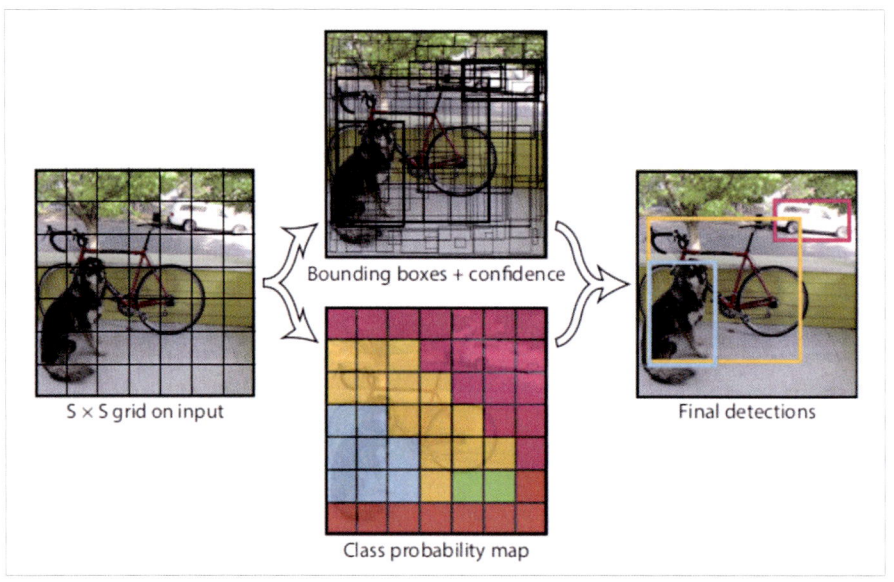

출처: You Only Look Once - Unified, Real-Time Object Detection(https://arxiv.org/pdf/1506.02640)

이러한 구조를 통해 YOLO는 다음과 같은 특징을 갖는다.

- 실시간 객체 탐지에 적합(FPS가 높음)
- 이미지 전체를 한 번에 처리하여 전체 맥락을 반영한 인식 가능
- 다중 객체 탐지 지원

💡 FPS는 Frames Per Second의 약자이며, 초당 프레임 수를 의미한다. 실시간 객체 탐지에서 FPS는 시스템이 1초 동안 처리할 수 있는 영상 프레임의 수를 나타내며, 수치가 높을수록 더 부드럽고 빠른 실시간 반응이 가능하다. 예를 들어 FPS가 30이면 1초에 30장의 이미지를 분석할 수 있다는 뜻이다. YOLO 모델은 이 FPS가 높아 실시간 탐지에 특히 적합하다.

대표적인 버전으로 YOLOv3, YOLOv4, YOLOv5, YOLOv8 등이 있으며 현재는 PyTorch 기반의 YOLOv5와 v8이 널리 사용된다. 특히 YOLOv8은 Anchor-Free 방식으로 발전하며 탐지 정확도와 학습 효율성 면에서 크게 개선되었다.

YOLOv5 설치 및 환경 준비

YOLOv5는 Ultralytics에서 개발한 PyTorch 기반 객체 탐지 프레임워크다. 설치는 다음과 같이 진행된다.

```
git clone https://github.com/ultralytics/yolov5
cd yolov5
pip install -r requirements.txt
```

사전 학습된 모델로 실시간 탐지 실행하기

YOLOv5는 detect.py 스크립트를 통해 간편하게 객체 탐지를 실행할 수 있다. 웹캠을 활용한 실시간 탐지는 다음과 같이 실행한다.

```
python detect.py --source 0
```

💡 --source 옵션에 따라 입력 장치를 지정할 수 있다.
　0: 기본 웹캠
　'path/to/video.mp4': 비디오 파일
　'path/to/image.jpg': 이미지 파일

YOLOv5를 코드로 직접 사용하기

다음과 같이 YOLOv5를 직접 파이썬 코드로 불러와서 사용할 수도 있다.

```python
import torch
import cv2

# 모델 로드 (yolov5s는 small 버전)
model = torch.hub.load('ultralytics/yolov5', 'yolov5s')

# 웹캠 열기
cap = cv2.VideoCapture(0)

while True:
    ret, frame = cap.read()
    if not ret:
        break

    # 객체 탐지 수행
    results = model(frame)

    # 결과를 이미지에 그리기
    annotated_frame = results.render()[0]
    cv2.imshow('YOLOv5 Detection', annotated_frame)

    if cv2.waitKey(1) & 0xFF == ord('q'):
        break

cap.release()
cv2.destroyAllWindows()
```

💡 주요 코드 설명

torch.hub.load(…): 모델을 온라인으로 다운로드하여 메모리에 로드

results = model(frame): 한 프레임에 대해 객체 탐지 수행

results.render(): 탐지된 객체를 시각화한 이미지 반환

🎯 YOLOv5로 사람과 물체 탐지 예제

다음은 YOLO 모델을 직접 실행하고 결과를 화면에 표시하는 예제이다. 간단한 실습을 통해 YOLO가 실제 어떤 식으로 객체를 탐지하고 시각화하는지를 확인할 수 있다.

```
import torch
import cv2

# 사전 학습된 YOLOv5 모델 로드
device = 'cuda' if torch.cuda.is_available() else 'cpu'
model = torch.hub.load('ultralytics/yolov5', 'yolov5s', device=device)

# 웹캠 연결
cap = cv2.VideoCapture(0)

while True:
    ret, frame = cap.read()
    if not ret:
        break

    # 객체 탐지 수행
    results = model(frame)
    labels = results.names

    # 결과를 표시
    for *box, conf, cls in results.xyxy[0]:
        label = f"{labels[int(cls)]} {conf:.2f}"
        x1, y1, x2, y2 = map(int, box)
        cv2.rectangle(frame, (x1, y1), (x2, y2), (0, 255, 0), 2)
        cv2.putText(frame, label, (x1, y1 - 10), cv2.FONT_HERSHEY_SIMPLEX, 0.5, (0, 255, 0), 2)

    cv2.imshow('YOLOv5 Live Detection', frame)
    if cv2.waitKey(1) & 0xFF == ord('q'):
        break
```

```
cap.release()
cv2.destroyAllWindows()
```

이 코드는 웹캠에서 프레임을 받아 YOLOv5로 실시간 탐지를 수행하고, 각 객체의 이름과 신뢰도를 화면에 함께 표시한다. 'q' 키를 누르면 종료된다.

탐지된 결과는 다음과 같은 정보를 포함한다.

- 객체 종류(예: person, car, dog)
- 신뢰도(confidence score)
- 위치 좌표(bounding box: x, y, width, height)

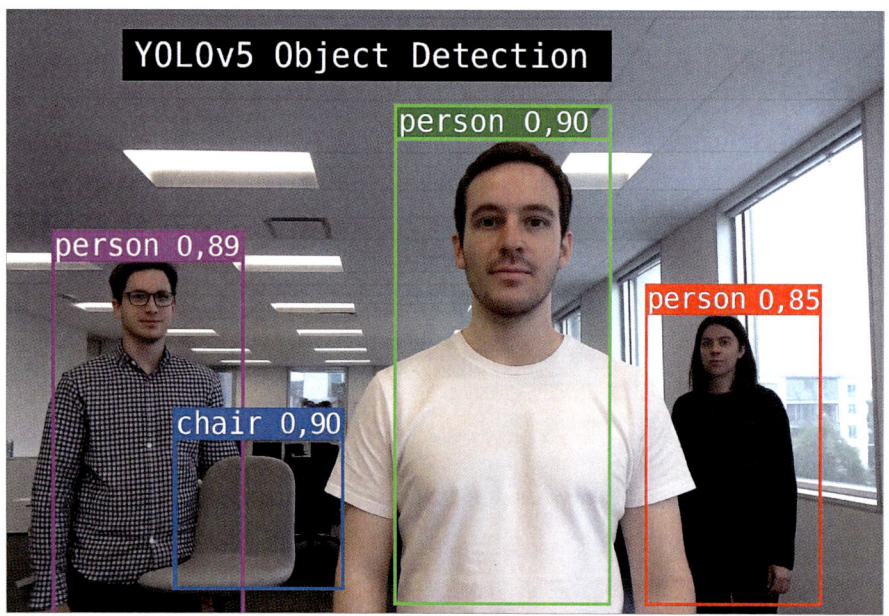

다음과 같이 코드를 통해 각 객체의 정보를 개별적으로 출력할 수도 있다.

```
for *box, conf, cls in results.xyxy[0]:
    print(f"클래스: {int(cls)}, 신뢰도: {conf:.2f}, 위치: {box}")
```

YOLO의 활용 분야

YOLO는 다음과 같은 분야에서 실시간 객체 인식 시스템의 핵심 기술로 활용된다.

- 자율주행 자동차의 보행자 및 차량 인식
- CCTV 보안 시스템
- 드론을 이용한 재난 감시 및 정찰
- 산업 현장의 이상 감지 및 품질 관리

YOLO의 최신 동향과 확장 모델

YOLO는 빠르게 진화하고 있으며, 최신 버전인 **YOLOv8**은 다음과 같은 기능 확장과 성능 개선을 이루었다.

- **ONNX, TensorRT, CoreML 등 다양한 플랫폼 호환**: Edge AI, 모바일 환경에서의 경량 추론 가능
- **Instance Segmentation 지원**: 단순 바운딩 박스를 넘어 객체의 정확한 형태를 분할
- **Pose Estimation 기능 내장**: 사람의 관절 위치 등을 예측하는 포즈 추정 가능
- **Multi-task 모델 구조**: Detection + Segmentation + Classification을 한 모델에서 동시에 수행 가능

또한 최근에는 다음과 같은 분야에서 YOLO가 응용되고 있다.

- **로봇 비전**: 로봇 팔의 객체 집기, 경로 탐색
- **스마트 팩토리**: 생산 라인에서 불량품 감지
- **의료 영상 분석**: 병변 탐지, 병리 슬라이드 분석
- **환경 감시**: 야생동물 탐지, 산불 감지, 쓰레기 분류 등

YOLO의 경량화 버전(YOLO-Nano, YOLOv5n, YOLOv8n)도 활발히 연구 중이며, 이는 Jetson Nano 같은 저전력 기기에서도 실시간 처리를 가능하게 해준다.

YOLO와 유사하거나 대체 가능한 모델들

객체 탐지 분야에서는 YOLO 외에도 다양한 딥러닝 모델이 사용되고 있다. 다음은 YOLO와 유사하거나 상황에 따라 대체할 수 있는 대표적인 모델들이다.

- **SSD(Single Shot MultiBox Detector)**: YOLO와 유사하게 한 번의 연산으로 객체를 탐지하며, MobileNet과 결합해 모바일 환경에서 많이 사용된다.
- **Faster R-CNN**: 2단계 탐지(two-stage detection) 방식으로 정확도는 높지만 속도가 느린 편이다. 정밀한 탐지가 필요한 분야에 적합하다.
- **EfficientDet**: Google에서 개발한 경량 고성능 객체 탐지 모델로, 다양한 크기와 성능 단계에서 사용할 수 있다. YOLO보다 높은 정확도를 보이는 경우도 있다.
- **DETR(DEtection TRansformer)**: Transformer 기반의 탐지 모델로, 객체 간의 관계까지 학습하며 인식 정밀도가 높다. 다만 연산 비용이 크고 속도는 느린 편이다.
- **RT-DETR**: DETR의 실시간(real-time) 변형으로, YOLO 수준의 속도와 DETR 수준의 정확도를 동시에 달성하도록 개발되었다.

이 모델들은 각각의 구조와 장단점이 있으며, 특정 용도(예: 빠른 속도, 높은 정확도, 경량화 등)에 따라 선택적으로 사용될 수 있다. 실제 프로젝트에서는 처리 시간, 연산 자원, 정확도 등 다양한 요구 사항을 고려해 YOLO와 이들 모델 중 적절한 것을 선택하게 된다.

📄 정리

지금까지 YOLO의 개념, 설치 방법, 실시간 웹캠 객체 탐지 예제를 살펴보았다. YOLO는 전통적인 방법보다 훨씬 더 강력한 객체 인식 성능을 제공하며, 실시간 응용에 적합하다.
다음 장에서는 YOLO를 활용하여 직접 나만의 객체 탐지기를 만드는 프로젝트를 수행하며, 데이터셋을 준비하고 학습시키는 과정을 체험해볼 예정이다.

24. 프로젝트 5: 나만의 객체 인식기 만들기

- 실시간 웹캠 객체 탐지기 완성

이 장에서는 YOLO 모델을 기반으로 사용자 정의 객체 인식기(Custom Object Detector)를 만드는 전 과정을 따라가본다. 단순한 탐지를 넘어, 자신이 직접 정의한 객체(예: 고양이 장난감, 공구, 간식 봉지 등)를 인식하도록 학습시키는 과정은 AI의 핵심 메커니즘을 체험할 수 있는 좋은 기회이다.

YOLO는 자체 학습 기능을 제공하며, 소규모 데이터셋으로도 학습이 가능하다는 점에서 입문자에게 적합하다.

데이터셋 준비

YOLO 모델은 이미지 속 객체가 어디에 있는지 직접 가르쳐줘야 학습할 수 있다. 그래서 우리는 두 가지 작업을 해야 한다.

1) 이미지 수집

먼저 인식하고 싶은 대상의 이미지를 준비한다.

- 스마트폰이나 웹캠으로 직접 촬영한다.
- 혹은 인터넷에서 원하는 이미지를 다운로드해도 된다.
- **각 클래스(종류)마다 최소 20장 이상** 준비한다(예: '고양이' 20장, '강아지' 20장 등).

2) 객체 위치를 표시하는 라벨링 작업

이미지만 있어선 YOLO가 뭘 학습해야 하는지 알 수 없다. 그래서 '이미지 속 객체가 어디에 있는지 직접 표시하는 작업(=라벨링)'을 해야 한다. 다음은 대표적인 라벨링 도구이며, 이를 사용하여 마우스로 이미지에 박스를 그리기만 해도 자동으로 라벨이 생성된다.

- Roboflow
- makesense.ai

라벨링 시 YOLO 포맷(.txt 파일)으로 저장하고, 각 이미지마다 동일한 이름의 .txt 파일이 생성된다.

💡 예시: 이미지와 라벨링 텍스트
이미지: cat_toy01.jpg
라벨: cat_toy01.txt

텍스트 파일 안에는 다음과 같은 식으로 내용이 들어간다.

0 0.52 0.61 0.34 0.27

이것의 의미는 다음 표와 같다.

항목	의미	값 예시
0	고양이 클래스 번호(예: 0번이 고양이라면)	0
0.52	박스 중심의 X 좌표(이미지 너비 대비)	이미지 중심 근처
0.61	박스 중심의 Y 좌표(이미지 높이 대비)	이미지 중간 아래쪽
0.34	박스의 너비(이미지 전체의 34%)	적당히 큼
0.27	박스의 높이(이미지 전체의 27%)	보통 크기

💡 YOLO에서는 좌표를 **픽셀 값이 아니라 0~1 사이의 비율 값으로** 저장한다(예: 이미지가 640×480이라면 0.5는 정확히 가운데 지점을 의미한다).

즉, 예시 내용을 정리하면 다음과 같다.

이미지: cat_toy01.jpg

라벨: cat_toy01.txt

내용: 0 0.52 0.61 0.34 0.27

→ 이건 '고양이(class 0)'가 이미지 가운데쯤에 있으며, 화면의 **가로 34%, 세로 27% 크기로 보인다는 뜻**이다.

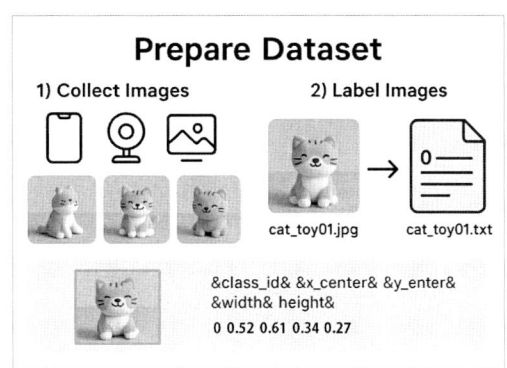

디렉토리 구조 예시

학습을 시작하기 전에 전체 프로젝트 폴더 구조를 다음과 같이 구성하는 것이 좋다.

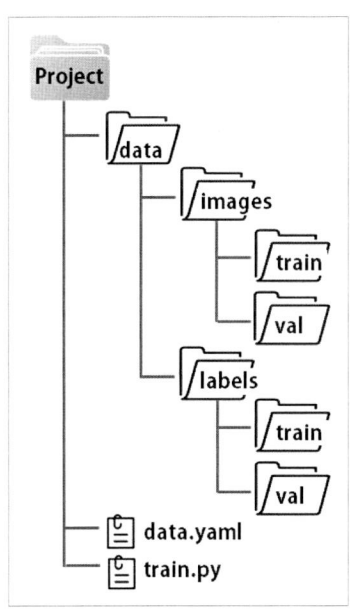

이미지와 라벨은 동일한 폴더 구조를 따르며, train과 val로 구분되어야 한다.

학습 설정 구성

YOLOv5에서는 다음 파일들을 설정해야 한다.

1) data.yaml

- train: ./data/images/train
- val: ./data/images/val
- nc: 1 # 클래스 수
- names: ['cat_toy']

2) 모델 구조 선택

- yolov5s.yaml, yolov5m.yaml, yolov5l.yaml, yolov5x.yaml
- 처음은 yolov5s로 시작 추천

모델 학습 실행

YOLOv5는 명령 한 줄로 학습을 시작할 수 있다.

```
python train.py --img 640 --batch 16 --epochs 100 \
--data ./data.yaml --cfg ./models/yolov5s.yaml \
--weights yolov5s.pt --name my_detector
```

💡 코드 설명
　--img: 입력 이미지 크기
　--batch: 배치 크기

--epochs: 학습 반복 횟수

--data: data.yaml 경로

--cfg: 모델 구조

--weights: 초기 가중치

학습 결과는 runs/train/my_detector/ 폴더에 저장된다.

결과 평가 및 사용

학습이 끝나면 다음 명령어로 테스트할 수 있다.

python detect.py --weights runs/train/my_detector/weights/best.pt --source 0

또는 다음과 같이 이미지나 비디오에 적용한다.

python detect.py --weights runs/train/my_detector/weights/best.pt --source test.jpg

또는 다음과 같이 동영상에 적용할 수 있다.

python detect.py --weights runs/train/my_detector/weights/best.pt --source test_video.mp4

🛠 실험 팁과 오류 해결

1) 라벨링 오류

- 객체 누락, 클래스 ID 틀림: 학습 정확도 저하 유발
- 각 클래스는 .txt 파일에서 고유 번호로 일관성 있게 지정되어야 함

2) 클래스 수 불일치

- data.yaml의 nc 값과 .txt에 사용된 클래스 수가 다를 경우 오류 발생

3) GPU 메모리 부족 오류

- 해결: --img 크기 줄이기, --batch 크기 감소, yolov5n 사용 고려

4) 학습 멈춤 현상

- 원인: 데이터 다양성 부족, epoch 수 부족, 라벨링 품질 문제

5) torch.hub.load 실패

- 대안

```
git clone https://github.com/ultralytics/yolov5
cd yolov5
pip install -r requirements.txt
```

- 이후 from models.common import DetectMultiBackend 방식으로 로컬 실행 가능

YOLO가 실제로 사용되는 산업 사례

YOLO는 단순 학습 실습을 넘어서 실제 산업 제품에도 폭넓게 응용되고 있는 기술이다. 다음은 대표적인 응용 사례이다.

1) 드론 기반 재난 탐지 시스템

- DJI 등의 산업용 드론 시스템에서 YOLO 기반 객체 인식을 탑재하여 화재 감지, 인명 구조 대상 탐지, 금지 구역 침입 감시 등에 사용됨
- 실시간 영상 분석을 통해 경고를 보내거나 자동 추적 비행을 수행함

2) CCTV 지능형 보안 솔루션

- 한화테크윈, Hikvision 등에서 YOLO를 기반으로 한 이상행동 탐지 시스템을 개발
- 침입자 탐지, 방치된 물건 감지, 폭력 감지 등 다양한 보안 시나리오에 적용

3) 스마트 팩토리 품질 검사 시스템

- 제조 현장에서 제품의 불량 여부를 실시간으로 검출함
- YOLOv5 기반의 경량화 모델이 산업용 GPU 또는 Jetson 계열 Edge 기기에 적용되어 운영됨

4) 리테일 분석 및 고객 동선 추적

- 매장 내 사람의 동선을 추적하거나 상품 집기 행위를 탐지하여 마케팅 및 재고 전략에 활용
- POS 시스템과 연동되어 매출 분석에 접목됨

이처럼 YOLO는 단순한 연구용 모델이 아니라 실제 제품화된 솔루션에 통합되어 운영되고 있으며, 그 성능과 효율성은 다양한 산업 현장에서 검증되고 있다.

📋 정리

이번 장에서는 YOLO 모델을 기반으로 자신만의 객체 인식기를 만드는 방법을 실습하였다. 직접 수집하고 라벨링한 데이터를 기반으로 학습시키며, 인공지능 개발 과정의 핵심을 체험할 수 있었다.

다음 장에서는 학습한 모델을 웹 브라우저에서 실시간으로 실행하고 공유하는 방법을 소개한다. Streamlit과 GitHub를 활용한 배포 실습을 통해, 만든 AI를 세상과 연결해보자.

25. 흐릿한 이미지를 또렷하게

- 슈퍼레졸루션 기술 활용

AI는 단지 이미지를 인식하는 데 그치지 않는다. 흐릿한 이미지를 선명하게 복원하는 **슈퍼레졸루션(Super-Resolution, SR)** 기술은 또 하나의 강력한 영상 AI 분야이다. 여기에서는 SR의 기본 개념을 이해하고, 간단한 딥러닝 모델을 통해 실제 흐릿한 이미지를 복원해보는 실습을 진행한다. 객체 인식과 결합하면, 탐지한 물체를 더 선명하게 보여주는 등 응용 가능성도 넓다.

슈퍼레졸루션이란?

슈퍼레졸루션은 저해상도 이미지를 고해상도로 복원하는 기술로, 이미지 확대 시 발생하는 픽셀 깨짐이나 흐림 현상을 최소화한다. 전통적으로는 보간법(예: bilinear, bicubic)이 사용됐지만, 딥러닝은 그 이상의 품질을 보여준다.

- 단일 이미지 SR(SISR): 한 장의 이미지를 고해상도로 변환
- 비디오 SR(VSR): 영상 프레임 간 정보까지 활용해 복원

여기서는 SISR, 특히 초보자용으로 널리 사용되는 SRCNN(Super-Resolution Convolutional Neural Network) 모델을 사용한다.

딥러닝 기반 SR의 구조 이해

딥러닝 SR 모델의 기본 흐름은 다음과 같다.

(1) 업샘플링: 입력 이미지를 일정 배율로 확대(보통 bicubic 사용)
(2) 특징 추출: CNN 필터를 통해 고해상도 패턴을 학습
(3) 복원: 특징 맵을 기반으로 정제된 이미지를 출력

이러한 SR 모델의 작동 원리를 이해하기 위해서는 몇 가지 핵심적 딥러닝 개념에 대한 이해가 필요하다.

- CNN(Convolutional Neural Network)은 이미지 데이터를 다룰 때 가장 기본이 되는 딥러닝 구조다. CNN은 이미지의 공간적 구조를 유지하면서 국소적인 패턴(가장자리, 질감 등)을 인식하는 데 탁월하다. SR에서는 흐릿한 이미지 속에서 세부적인 고해상도 패턴을 찾아내 복원하는 데 사용된다.
- GAN(Generative Adversarial Network)은 생성자(Generator)와 판별자(Discriminator)가 경쟁하면서 학습을 진행하는 방식으로, 생성자가 만들어낸 결과물의 현실감을 높이는 데 효과적이다. SR에서는 고해상도 이미지를 생성하고, 이 결과물이 진짜와 얼마나 가까운지를 학습해 더욱 사실적인 복원이 가능해진다.
- Transformer는 자연어 처리(NLP)에서 출발했지만, 최근에는 시각 정보 처리에서도 널리 활용된다. 특히 SwinIR, HAT 같은 모델은 self-attention 메커니즘을 통해 이미지의 장기적 문맥 정보를 포착하고 정밀한 복원 품질을 달성하는 데 도움을 준다.
- Diffusion Model은 최근 주목받는 생성 모델로, 이미지에 점차적으로 노이즈를 추가하고 이를 되돌리는 과정을 통해 학습한다. SR에 응용하면, 저해상도에서 고해상도로의 변환 과정에서 다양한 왜곡 유형을 자연스럽게 복원할 수 있다. DiffBIR 같은 모델이 이 방식의 대표적 응용이다.

이처럼 다양한 딥러닝 구조가 SR에 응용되며, 각 구조마다 고유의 강점을 지닌 다양한 모델들이 개발되어왔다. 이제 이러한 기반 개념을 바탕으로 대표적인 SR 모델들을 차례로 살펴보자.

대표 모델 개념 설명

SR 기술의 발전은 다양한 딥러닝 아키텍처와 함께 진화해왔다. 이 절에서는 대표적인 SR 모델들을 연대기적으로 살펴보며, 각 모델이 어떤 기술적 특징을 지니고 있는지를 소개한다. 이를 통해 SR 기술이 어떤 방향으로 발전해왔는지 그 흐름을 이해할 수 있다.

- **SRCNN(2014)**: SR 분야에서 딥러닝을 적용한 최초의 모델이다. 단순한 3단계 CNN 구조로, 저해상도 이미지를 bicubic으로 먼저 확대한 뒤 CNN을 이용해 고해상도 정보를 복원하는 방식이다. 구조는 단순하지만 SR 딥러닝 시대의 시작을 연 상징적인 모델이다.
- **EDSR(2017)**: 잔차 구조(Residual Block)를 도입해 네트워크를 깊게 구성하고 성능을 향상시킨 모델이다. Batch Normalization을 제거해 학습 효율성을 높였으며, 이후의 많은 SR 모델의 기반이 되었다. 다양한 스케일에 적용 가능하며 실용성도 높다.
- **SRGAN(2017)**: GAN 구조를 처음 SR에 도입한 모델로, 단순히 PSNR을 높이는 것이 아니라 실제 사람의 눈에 더 사실적으로 보이는 이미지를 생성하고자 했다. 이는 SR 분야에서 '지각적 품질(perceptual quality)'이라는 새로운 평가 기준을 도입하게 된 계기가 되었다.
- **Real-ESRGAN(2021)**: SRGAN 계열의 실사용 최적화 모델로, 실제 사진에서 발생하는 다양한 노이즈와 왜곡을 효과적으로 복원할 수 있다. perceptual loss와 adversarial loss를 적절히 조합해 고품질 복원이 가능하며, 오픈소스로 널리 활용된다.
- **SwinIR(2021)**: CNN 대신 Transformer 구조를 도입해, 이미지 내 장기적인 패턴 정보를 효과적으로 학습한다. Swin Transformer 기반의 윈도우 어텐션 구조를 사용해 연산 효율성과 성능을 모두 잡았으며, 최근 고성능 복원 모델의 대표 주자다.
- **BSRGAN(2022)**: 다양한 열화(degradation) 시나리오를 학습해, 복잡한 현실 상황에서도 강건한 복원이 가능한 모델이다. RealSR 환경을 타겟으로 학습되어 실사용 환경에 가까운 성능을 보여준다.
- **NAFNet-SRx4(2023)**: Nonlinear Activation Free 구조를 적용하여 학습 안정성과 연산 효율을 극대화한 최신 모델이다. 저조도 및 노이즈 환경에서도 뛰어난 성능을 보이며, 모바일 환경이나 엣지 디바이스에 적합하다.
- **HAT(2024)**: Hybrid Attention Transformer 구조로, CNN의 국소 특성과 Transformer의 전역 특성을 융합해 강력한 성능을 보인다. 현재까지 공개된 여러 벤치마크에서 최고 수준의 결과를 기록하고 있으며, SR 분야의 대표적인 최신 모델로 자리 잡고 있다.
- **DiffBIR(2025)**: Diffusion 모델을 기반으로 하는 블라인드 SR 모델이다. 입력 이미지의 열화 유형을 사전에 알 필요 없이 다양한 왜곡을 복원할 수 있는 능력이 특징이다. 최근에는 diffusion과

transformer를 융합한 하이브리드 구조로도 발전 중이다.

이처럼 SR 모델은 단순한 CNN 기반에서 출발하여, 이후에는 GAN을 기반으로 한 생성형 SR, Transformer를 활용한 전역 패턴 학습형 SR, 그리고 Diffusion 모델을 응용한 고급 복원형 SR 등으로 확장되어왔다. 각 모델은 특정 문제 상황에 맞춰 설계되었으며, 실험적이면서도 실용적인 기술로 발전해왔다. 다음 절에서는 이 중 가장 기초적인 모델인 SRCNN을 직접 구현하며, SR의 작동 원리를 체험해본다.

🎯 실습: SRCNN으로 이미지 복원하기

이 실습에서는 간단한 딥러닝 기반 슈퍼레졸루션 모델인 SRCNN을 직접 구현하고 실험해본다. 실습을 시작하기 전에 다음과 같은 준비가 필요하다.

1) 필수 라이브러리 설치

```
pip install numpy matplotlib opencv-python tensorflow torch torchvision
```

2) 데이터셋 준비

실습에는 임의의 저해상도 이미지나 흑백 이미지 하나를 사용할 수 있으며, 다음과 같은 방식으로 준비할 수 있다.

- 인터넷에서 이미지 한 장을 다운로드한 후 cv2.imread()로 불러오기
- 해상도를 줄인 후 다시 bicubic으로 키운 이미지를 저해상도 입력으로 활용

```
import cv2
img = cv2.imread('sample.jpg', cv2.IMREAD_GRAYSCALE)
```

```
img = cv2.resize(img, (100, 100))
low_res = cv2.resize(img, (50, 50), interpolation=cv2.INTER_AREA)
input_img = cv2.resize(low_res, (100, 100), interpolation=cv2.INTER_CUBIC)
```

이제 본격적인 모델 구현으로 넘어가자.

💡 **실습 팁**

cv2.imread()는 이미지 경로가 잘못되었거나 파일이 존재하지 않으면 None을 반환한다. sample.jpg 파일이 현재 파이썬 실행 디렉토리에 존재하는지 꼭 확인해야 하며, 없는 경우 직접 이미지를 다운로드하거나 경로를 명확히 지정해야 한다.

```
import os
img_path = 'sample.jpg'
if not os.path.exists(img_path):
    raise FileNotFoundError(f"{img_path} 파일이 없습니다. 동일한 폴더에 이미지 파일을 저장하거나 경로를 수정하세요.")
```

💡 위 오류는 img = None일 때 cv2.resize(img, ...)을 실행해 발생한 것이므로, 이처럼 사전 점검이 꼭 필요하다.

여기서는 가장 기본적인 슈퍼레졸루션 모델인 SRCNN을 간단히 구현해보며, 저해상도 이미지를 고해상도로 복원하는 과정을 체험한다. SRCNN은 3개의 합성곱 층으로 구성되어 있으며, 먼저 이미지를 bicubic 방식으로 확대한 뒤 이를 정제하는 방식으로 작동한다.

3) TensorFlow와 PyTorch를 각각 사용해 간단한 구조를 구현해보자.

① **TensorFlow**

```
import tensorflow as tf
from tensorflow.keras import layers, models
```

```python
# SRCNN 모델 구성 함수 정의
def build_srcnn():
    model = models.Sequential()
    # 첫 번째 Conv 층: 큰 커널(9x9)로 저해상도 이미지에서 특성 추출
    model.add(layers.Conv2D(64, (9, 9), activation='relu', padding='same', input_shape=(None, None, 1)))
    # 두 번째 Conv 층: 1x1 커널로 채널 간 조합 학습(비선형 매핑)
    model.add(layers.Conv2D(32, (1, 1), activation='relu', padding='same'))
    # 세 번째 Conv 층: 5x5 커널로 고해상도 이미지 복원(출력 채널 수 = 1)
    model.add(layers.Conv2D(1, (5, 5), padding='same'))
    return model

model = build_srcnn()    # 모델 생성 및 구조 요약 출력
model.summary()
```

② **PyTorch**

```python
import torch
import torch.nn as nn

# SRCNN 모델 정의(고해상도 이미지 복원용)
class SRCNN(nn.Module):
    def __init__(self):
        super(SRCNN, self).__init__()
        # 첫 번째 Conv 층: 입력 채널 1개 → 출력 채널 64개, 9x9 커널, padding=4
        self.layer1 = nn.Conv2d(1, 64, kernel_size=9, padding=4)
        # 두 번째 Conv 층: 64 → 32 채널, 1x1 커널(비선형 매핑)
        self.layer2 = nn.Conv2d(64, 32, kernel_size=1)
        # 세 번째 Conv 층: 32 → 1 채널, 5x5 커널, padding=2(출력 이미지 복원)
        self.layer3 = nn.Conv2d(32, 1, kernel_size=5, padding=2)

    def forward(self, x):
        x = torch.relu(self.layer1(x))    # 첫 번째 층: 특성 추출
        x = torch.relu(self.layer2(x))    # 두 번째 층: 채널 간 조합
        x = self.layer3(x)                # 세 번째 층: 복원된 이미지 출력
```

```
    return x

model = SRCNN()                    # 모델 인스턴스 생성 및 구조 출력
print(model)
```

두 구현 모두 동일한 SRCNN 구조를 기반으로 하며, 입력은 보통 단일 채널(흑백 이미지 기준)로 처리된다. 이 예시를 통해 딥러닝 프레임워크별 구현 방식의 차이도 함께 익힐 수 있다.

4) 결과 예시

다음은 저해상도 이미지를 SRCNN으로 복원했을 때의 전후 비교이다.

구분	이미지 예시
입력 이미지	흐릿한 저해상도 이미지
복원 결과	선명하게 복원된 고해상도 이미지

이와 같은 비교를 통해, 간단한 모델이라도 학습이 잘 이루어지면 시각적으로 뚜렷한 향상이 가능하다는 것을 체감할 수 있다.

입력(100×100)

출력(100×100)

실생활 응용 사례

SR 기술은 연구실의 실험을 넘어 실제 생활 속 다양한 영역에서 활용되고 있다. 이 기술이 특히 주목받는 이유는, 저해상도 이미지로부터 보다 선명하고 해상도가 높은 정보를 복원할 수 있기 때문이다. 이는 단순한 시각적 향상을 넘어, 정보 해석의 정확도와 판단력까지 크게 좌우하는 중요한 기술로 확장되고 있다.

먼저 의료 분야에서는 CT나 MRI 영상과 같이 해상도가 중요한 영상 데이터에 SR이 적용되어 더 명확한 진단을 가능하게 한다. 영상 속 미세한 병변이나 구조를 더욱 뚜렷하게 관찰할 수 있기 때문에 조기 진단과 진단 정확도를 높이는 데 기여한다.

위성 영상 및 항공 촬영 분야에서도 SR은 필수적이다. 낮은 해상도의 위성 이미지에서 지형지물, 도로, 건물 등의 정보를 더 정밀하게 추출할 수 있게 된다. 특히 재난 지역 상황 파악이나 국방 감시 영역에서 그 가치가 크다.

감시카메라 영상에도 SR 기술이 효과적으로 쓰인다. 어두운 환경이나 낮은 해상도로 인해 흐릿하게 보이는 얼굴이나 차량 번호판 등의 정보를 복원함으로써, 수사나 공공안전 관리에 도움을 줄 수 있다. 실제로 경찰이나 보안 기관에서는 이러한 기술을 활용해 중요한 단서를 포착하는 사례가 늘고 있다.

또한 영상 리마스터링 분야에서도 SR은 유용하게 사용된다. 오래된 영화나 저화질 영상 콘텐츠를 현대적인 고해상도 디스플레이에 맞게 복원하는 데 쓰이며, 문화유산의 디지털 복원이나 아카이브 자료 관리에도 큰 도움이 된다.

이처럼 SR 기술은 단순히 이미지를 '예쁘게 만드는' 기술을 넘어, 실질적인 정보 회복과 해석의 정밀도를 높이는 핵심 기술로 진화하고 있다. 앞으로도 다양한 산업 분야에서 SR 기술의 적용 가능성은 더욱 확장될 것이다.

정리

이 장에서는 흐릿한 이미지를 선명하게 복원하는 SR의 개념과 딥러닝 기반 기본 모델을 학습해보았다. 객체 인식 후 SR을 결합하면, 실시간 영상 처리의 품질을 더욱 높일 수 있다.

앞으로는 EDSR, SRGAN, Real-ESRGAN 등 고급 모델로의 확장을 통해 더 높은 품질의 영상 처리를 시도해볼 수 있다. AI는 이제 인식에서 창조로, 그리고 복원과 향상으로 영역을 넓히고 있다.

26. 도전: 내가 만든 AI를 공유해보자

- GitHub와 Streamlit으로 웹 배포하기

이 장에서는 YOLO를 활용해 학습한 나만의 객체 인식 모델을 **웹에서 실시간으로 실행하고 누구나 접근할 수 있도록 배포하는 방법**을 배운다. 모델을 혼자만 사용하는 것에서 나아가, 웹 인터페이스를 통해 가족, 친구, 팀원, 사용자와 공유할 수 있게 된다. 이 과정은 단순한 기술 데모를 넘어, **AI 서비스의 프로토타입 제작**으로 이어진다.

우리는 이를 위해 Streamlit이라는 매우 직관적인 Python 기반 웹 프레임워크를 활용한다. 별도 프론트엔드 개발 지식 없이도 머신러닝 모델을 웹 앱 형태로 손쉽게 구현할 수 있는 도구다. 그리고 **GitHub 저장소와의 연동을 통해 누구나 접근 가능한 형태로 배포하는 전체 파이프라인**을 함께 익힐 것이다.

Streamlit이란?

Streamlit은 다음과 같은 특징을 지닌 오픈소스 웹 프레임워크다.

- 파이썬 코드만으로 UI 구성 가능
- 데이터 분석, 머신러닝 결과 시각화에 최적화
- 빠른 배포 및 커스터마이징 가능
- 클라우드 환경(Streamlit Cloud) 제공으로 무료 공개 가능

Streamlit은 특히 **실습 중심의 머신러닝 학습자**에게 매우 친화적이다. 또한 GitHub 저장소에 연동해 자동으로 앱을 빌드할 수 있는 구조를 제공하므로, 전체 배포 과정에서

GitHub는 중요한 출발점이 된다. 또한 Streamlit 없이 GitHub만을 사용하는 방법도 존재한다. 예를 들어 GitHub Pages는 정적 웹사이트를 배포할 수 있으며, Flask나 FastAPI 등과 연계하여 GitHub Actions를 통한 자동 배포 파이프라인을 구성할 수도 있다. 이는 더 자유로운 사용자 정의를 진행하고 모델 실행 환경을 커스터마이징하고자 할 때 유용하다.

사전 준비 사항

- Python 3.8 이상 환경
- yolov5 또는 ultralytics 모델 학습 완료
- 다음 라이브러리 설치

```
pip install streamlit torch torchvision opencv-python Pillow numpy ultralytics
```

💡 ultralytics 또는 yolov5 중 어떤 버전의 YOLO를 사용했는지에 따라 설치 패키지를 명확히 지정하자.

Streamlit 코드 작성

아래 코드는 학습된 YOLOv5 모델을 사용하여 이미지를 업로드하면 객체 탐지를 수행하고 결과 이미지를 표시하는 웹 앱이다.

```python
import streamlit as st
import torch
import numpy as np
import cv2
from PIL import Image

st.title("🎯 나만의 객체 인식기 - YOLOv5")
```

```python
# 모델 로드
device = 'cuda' if torch.cuda.is_available() else 'cpu'
model = torch.hub.load('ultralytics/yolov5', 'custom', path='best.pt')
model.to(device)

uploaded_file = st.file_uploader("이미지를 업로드하세요", type=["jpg", "jpeg", "png"])

if uploaded_file is not None:
    image = Image.open(uploaded_file).convert('RGB')
    img_array = np.array(image)
    results = model(img_array)
    results.render()

    st.image(results.ims[0], caption='탐지 결과', use_column_width=True)
```

💡 설명

st.title(): 앱의 제목 표시

file_uploader: 사용자로부터 이미지 파일을 받음

results.render(): 탐지 결과를 시각화한 이미지로 변환

st.image(): 탐지 결과 출력

주의 사항: 코드 실행 방법

위 코드를 일반적인 Python 실행(python app.py)으로 실행할 경우 다음과 같은 오류 메시지가 발생할 수 있다.

```
Thread 'MainThread': missing ScriptRunContext! This warning can be ignored when running in bare mode.
```

이는 Streamlit 앱을 Streamlit 전용 명령어로 실행하지 않았기 때문에 발생하는 현상이다. 아래 명령어를 사용해야 정상 실행된다.

```
streamlit run app.py
```

VSCode 환경에서는 터미널 열기(Ctrl+Shift+~) 후 해당 명령어를 입력해야 한다. app.py 파일이 있는 디렉토리로 이동한 후 실행해야 함에 유의하자.

실행 결과는 아래와 같이 이미지 위에 객체 탐지 박스가 표시된다. 실제 결과 예시는 다음 그림과 같이 객체 주변에 색상 박스와 레이블이 시각적으로 나타난다.

앱 실행하기

아래 명령어로 로컬에서 웹앱을 실행한다.

```
streamlit run app.py
```

브라우저에서 http://localhost:8501로 접속하면 앱이 실행된다.

GitHub 저장소 만들기 및 Streamlit Cloud로 웹 배포하기

1) 1단계: GitHub 저장소 만들기

GitHub는 단순한 코드 저장 공간이 아니라, Streamlit Cloud에서 앱을 배포하기 위한 출발점 역할을 한다. 앱 소스코드가 저장된 GitHub 저장소를 기준으로 Streamlit은 자동으로 앱을 실행한다.

- GitHub 계정에 로그인 후, 새 저장소(Repository) 생성
- 다음 파일을 저장소에 업로드
  app.py: Streamlit 코드 파일
  requirements.txt: 필요한 라이브러리 목록
  best.pt: 학습된 YOLO 모델 가중치 파일
  README.md: 프로젝트 소개 문서 (선택)

```
git init
git remote add origin https://github.com/your-id/yolo-web-app.git
git add .
git commit -m "first commit"
git push -u origin main
```

2) 2단계: Streamlit Cloud에서 배포하기

- Streamlit Cloud에 가입 및 로그인
- [New App] 클릭 후, GitHub 저장소 연결
- main 파일로 app.py 선택 → [Deploy] 클릭
- 자동으로 앱이 빌드되고 배포됨 → 무료로 누구나 접속 가능한 URL이 생성됨(예: https://your-id.streamlit.app)

requirements.txt 예시

웹 앱을 원활하게 실행하기 위해 필요한 패키지를 명시한 requirements.txt 파일은 Streamlit Cloud 배포 시 자동 설치되는 기준이 된다. 다음은 YOLOv5 기반 객체 탐지 앱을 위한 기본 예시이다.

```
streamlit
opencv-python
numpy
torch
Pillow
ultralytics
```

위 항목들은 각각 다음의 역할을 수행한다.

- streamlit: 웹 앱 UI를 구성하고 실행하는 데 필요한 핵심 프레임워크
- opencv-python: 이미지 전처리 및 배열 변환을 위한 라이브러리
- numpy: 수치 연산 및 배열 처리
- torch: PyTorch 기반의 딥러닝 연산을 위한 라이브러리
- Pillow: 이미지 파일 로딩 및 변환
- ultralytics: YOLOv5 모델 로딩과 추론을 위한 API 지원

💡 주의

ultralytics는 최신 버전의 YOLOv5부터 YOLOv8까지 지원되며, 만약 사용자가 로컬 저장소에서 훈련한 YOLOv5를 사용할 경우 'ultralytics/yolov5' 리포지토리를 PyTorch Hub에서 불러오도록 설정해야 한다. 이때 반드시 best.pt 모델 가중치 파일을 프로젝트 루트에 포함시켜야 한다.

💡 추가 팁: 오류 방지를 위한 준비 사항

Streamlit Cloud 또는 로컬 환경에서 다음과 같은 문제가 발생할 수 있다.

FileNotFoundError: 'best.pt': 모델 가중치 파일이 누락되었을 때 발생. best.pt가 존재하는지 확인할 것.

ModuleNotFoundError: requirements.txt에 누락된 패키지가 있을 경우 발생. 의존성 라이브러리를 모두 명시했는지 확인할 것.

이러한 오류를 방지하기 위해, 학습 완료된 모델 가중치 파일과 함께 requirements.txt 파일을 GitHub 저장소에 반드시 포함하도록 한다. 또한 패키지 버전을 명시하고 싶은 경우 다음과 같이 작성할 수 있다.

```
streamlit==1.33.0
opencv-python==4.9.0.80
torch==2.0.1
ultralytics==8.0.206
```

이러한 버전 고정은 패키지 호환성 문제를 줄이는 데 유용하다. 특히 프로젝트를 오래 유지하거나 배포 환경이 바뀔 때 예기치 않은 오류를 방지할 수 있다.

📁 확장 아이디어

이제 기본적인 객체 인식기를 성공적으로 구현하고 웹에 배포한 독자는 이를 기반으로 다양한 확장을 시도해볼 수 있다. 다음은 실전에서 시도해볼 만한 확장 아이디어들이다.

1) 이미지 외에 웹캠 영상 처리로 확장

지금은 업로드한 정적 이미지에서 객체를 탐지하고 있지만, 웹캠을 실시간으로 연동하면 동영상 스트림에서도 객체 인식을 수행할 수 있다. 이 기능을 구현하면 사용자 경험이 훨씬 풍부해지며, 실제 제품처럼 느껴진다. 다만 Streamlit은 실시간 영상 스트리밍에 제약이 있으므로 OpenCV와 함께 별도의 Flask 서버 또는 로컬 GUI 앱으로 전환하는 방법도 고려할 수 있다.

2) YOLOv8, 분할(Segmentation), 포즈 추정 모델로 전환

YOLOv5에서 YOLOv8로 전환하면 성능과 기능이 강화된다. YOLOv8은 객체 탐지 외에도 인스턴스 분할과 포즈 추정 기능을 기본으로 제공하므로, 더 다양한 AI 기능을 하나의 인터페이스로 통합할 수 있다. 예를 들어 사람의 관절 위치를 인식하여 자세 분석을 하거나, 하나의 물체를 픽셀 단위로 분리하는 것이 가능해진다.

3) 결과 데이터를 JSON 형식으로 출력

탐지된 객체의 좌표, 클래스, 신뢰도(score) 등을 JSON 형식으로 출력해 API 응답처럼 사용할 수 있다. 이는 백엔드 서버나 모바일 앱과 연동 시 유용하며, Streamlit의 st.json() 함수를 활용하거나 results.pandas().xyxy[0].to_json()과 같은 방식으로 구현 가능하다.

4) 신뢰도 조절 슬라이더 UI 추가

사용자가 원하는 최소 신뢰도(threshold)를 조절할 수 있도록 st.slider() 위젯을 추가하면 유연한 사용자 경험을 제공할 수 있다. 예를 들어, 0.25~0.75 사이에서 신뢰도 임계 값을 설정하면 너무 많은 또는 너무 적은 탐지 결과를 필터링할 수 있다. 실시간으로 탐지 결과가 바뀌는 시각적 반응도 제공할 수 있다.

5) 외부 저장소 연동: Google Drive 또는 AWS S3와 연결

객체 탐지 결과 이미지를 외부 클라우드 저장소(Google Drive, AWS S3 등)에 자동으로 저장하도록 연동하는 기능은 서비스화 관점에서 매우 유용하다. 예를 들어 탐지된 이미지 결과를 분석 후 클라우드에 보관하고, 다른 사용자와 공유하거나 데이터셋으로 재활용할 수 있다. Google Drive API나 boto3(AWS S3 연동 라이브러리)를 활용하여 이미지 업로드 함수를 구성할 수 있으며, Streamlit에서 버튼을 눌러 클라우드에 전송되도록 연결할 수 있다.

이러한 확장은 단순한 예제를 넘어서 진짜 AI 서비스 구축 경험으로 이어질 수 있다. 하나의 기능을 고도화하거나 새로운 기능을 결합하면서 점점 더 실전형 프로젝트로 성장하게 된다. 독자는 이 장의 예제를 단순히 따라 하는 데 그치지 않고, 자신만의 문제를 정의하고 해결하는 창의적인 실험의 출발점으로 삼을 수 있다. 이로써 진짜 AI 서비스 구축 경험으로 이어질 수 있다. 하나의 기능을 고도화하거나 새로운 기능을 결합하면서 점점 더 실전형 프로젝트로 성장하게 된다. 우리는 이 장의 예제를 단순히 따라 하는 데 그치지 않고, 자신만의 문제를 정의하고 해결하는 창의적인 실험의 출발점으로 삼을 수 있다.

정리

이 장에서는 YOLO 모델을 GitHub와 Streamlit을 활용해 웹 애플리케이션으로 배포하는 전 과정을 실습하였다. 단순한 학습을 넘어, AI 결과를 사용자에게 보여주고 공유할 수 있는 형태로 발전시킨 것이다.

이제 여러분은 스스로 만든 AI 모델을 **인터넷을 통해 실제 사용자에게 서비스하는 단계**까지 올라선 셈이다. 다음 장에서는 이러한 배포 모델을 **활용 및 확장하는 전략**, 그리고 완성된 프로젝트를 **기획서나 포트폴리오로 정리하는 방법**을 다룰 것이다.

27. 완성 이후를 위한 안내서

— 더 배울 수 있는 길, 모델 확장, 커리어 안내

지금까지 우리는 파이썬의 기초부터 시작해 머신러닝과 딥러닝, 실시간 객체 인식, 그리고 웹 배포까지 경험하였다. 여기서는 학습의 끝이 아닌 새로운 출발점으로서 다음 단계에서 무엇을 배우고 시도할 수 있을지, 어떻게 실무로 연결할 수 있을지 안내한다.

더 배울 수 있는 길

1) 모델의 성능을 더 높이고 싶다면?

- **하이퍼파라미터 튜닝**: learning rate, batch size, optimizer 변경 실험
- **데이터 증강**: 이미지 회전, 노이즈 추가 등으로 학습 다양성 확보
- **전이 학습(Transfer Learning)**: 더 크고 일반화된 모델에서 사전 학습된 가중치 사용
- **Ensemble 모델**: 여러 모델 결과를 조합해 성능을 향상시킴

2) 더 깊이 있게 배우고 싶다면?

- **CS231n(Stanford)**: 이미지 분류와 CNN의 원리를 수학적으로 배우는 온라인 강의
- **fast.ai**: 실습 중심의 고급 딥러닝 커리큘럼
- **PyTorch/TensorFlow 공식 튜토리얼**: 실전 예제 기반 학습

3) 실무에 가깝게 연습하고 싶다면?

- **Kaggle 대회 참가**: 공개 데이터셋 기반 문제 해결, 코드 공유, 경쟁 기반 학습
- **GitHub 프로젝트 참여**: 오픈소스 프로젝트에 Pull Request 보내기
- **포트폴리오 웹사이트 만들기**: 지금까지 만든 모델과 결과물 정리

모델을 확장해보자

확장 분야	설명
영상 분석	실시간 CCTV 분석, 교통 감시 등으로 응용 가능
감정 인식	얼굴 표정이나 음성을 통한 감정 상태 추론
생성 모델	GAN, Diffusion 등을 통해 이미지 생성 실험
로봇 제어	객체 탐지 기반 자율주행, 경로 계획 등으로 확장
음성 + 영상 융합	화상 회의에서 자동 자막 생성 + 행동 인식 등

💡 참고 키워드

YOLOv8, SAM(Segment Anything), CLIP, LangChain, LLaVA, Multimodal AI

커리어와 연결하기

1) 이력서 및 포트폴리오에 담을 수 있는 경험

- 실습 프로젝트: 이미지 분류기, 객체 인식기, 실시간 웹 앱
- 사용 기술: PyTorch, OpenCV, YOLO, Streamlit, GitHub
- 학습 경로: 이 책을 기반으로 독립적으로 완성한 프로젝트 설명

2) 관련 직무 예시

- 머신러닝 엔지니어(ML Engineer)
- 데이터 사이언티스트
- 컴퓨터 비전 연구원
- AI 기반 제품 개발자(AI Product Engineer)

3) 준비 방법

- AI 학회나 콘퍼런스 발표 자료 보기(CVPR, NeurIPS 등)
- 온라인 이력서 정리(LinkedIn, GitHub Profile ReadMe)
- 기술 블로그에 실습 과정이나 모델 분석기 올리기

마지막으로: 당신의 여정은 이제 시작이다

지금까지 입문자의 눈높이에 맞춰, 하나의 AI 프로젝트를 처음부터 끝까지 완성해보는 여정을 함께했다. 하지만 여기서 끝이 아니다. 모델은 더 똑똑하게, 코드는 더 깔끔하게, 아이디어는 더 창의적으로 바뀌어갈 것이다.

AI는 도구일 뿐, 주인공은 당신이다.

이제 당신의 손으로, 세상에 의미 있는 무언가를 만들어보자.

부록

1. 자주 쓰는 AI 용어 사전
2. 오류 해결법 모음
3. 오픈데이터셋 목록

1. 자주 쓰는 AI 용어 사전

본 부록은 인공지능 및 머신러닝 분야에서 자주 등장하는 용어들을 초보자의 눈높이에 맞춰 자세히 설명한 것이다. 실습 중 자주 등장하는 개념부터, 혼동하기 쉬운 용어까지 포괄적으로 정리하였다. 분류표와 색인을 함께 제공하여 용어 탐색과 학습에 도움을 주고자 한다.

분류표

분류	용어 예시	설명 요약
학습 방식	Supervised, Unsupervised, Transfer Learning	학습 데이터 구성 방식에 따른 분류이다.
모델 구조	CNN, Fully Connected Layer, Dropout	딥러닝 모델의 구성 요소이다.
평가 지표	Accuracy Precision, Recall, Loss	모델 성능을 수치로 측정하는 지표이다.
최적화	Optimizer, Gradient Descent, Learning Rate	모델의 학습 효율을 높이기 위한 기술이다.
데이터 처리	Tokenization, Embedding, Augmentation	입력 데이터를 가공하거나 보완하는 작업이다.
기타	Epoch, Batch Size, Inference, Annotation	학습 환경과 예측 과정에서 사용되는 개념이다.

용어 사전

AI 용어의 정의를 정리하였다(알파벳순). 이 용어 사전은 책 전반에 걸쳐 등장하는 핵심 개념의 이해를 돕고, 초보 독자들이 자신감 있게 AI 실습을 이어갈 수 있도록 지원하는 것을 목적으로 한다.

A

- **Accuracy(정확도)**: 전체 예측 중에서 실제 정답과 일치한 비율이다. 예를 들어 100개의 데이터 중 90개를 맞췄다면 Accuracy는 90%이다.
- **Activation Function(활성화 함수)**: 뉴런의 출력값을 결정하는 함수이다. 대표적으로 ReLU, sigmoid, tanh 등이 있으며 비선형성을 도입해 모델이 복잡한 문제를 해결하게 한다.
- **AI(Artificial Intelligence)**: 인간처럼 사고하고 학습할 수 있는 시스템 또는 소프트웨어이다.
- **Annotation(주석)**: 이미지나 텍스트 등 데이터에 정답 레이블을 표시하는 작업이다.
- **API(Application Programming Interface)**: 소프트웨어 컴포넌트 간의 상호작용을 위한 규칙과 도구이다.
- **Augmentation(증강)**: 학습 데이터를 늘리기 위한 변형 기법이다. 예를 들어 이미지 회전, 확대, 색상 조정 등이 있다.

B

- **Backpropagation(역전파)**: 오차를 계산하고 이를 바탕으로 가중치를 업데이트하는 딥러닝 학습 방식이다.
- **Batch Size**: 한 번의 모델 학습(iteration)에서 사용되는 데이터 수이다. 너무 작으면 시간이 오래 걸리고, 너무 크면 메모리 부족 위험이 있다.
- **Binary Classification**: 두 가지 클래스(예: 고양이 vs 강아지) 중 하나로 분류하는 문제이다.

C

- **Class**: 분류 문제에서 예측 대상이 되는 범주 또는 레이블이다.
- **Classification**: 데이터를 미리 정의된 클래스 중 하나로 분류하는 작업이다(예: 손글씨 숫자 이미지 → 0~9 숫자 분류).
- **Clustering(군집화)**: 비지도학습의 일종으로, 비슷한 데이터들을 자동으로 묶는 작업이다.
- **Convolutional Neural Network(CNN)**: 이미지 데이터를 처리하기 위한 딥러닝 구조이다. Convolution → Pooling → Fully Connected Layer 순으로 구성된다.
- **Cost Function(비용 함수)**: 모델이 얼마나 틀렸는지를 수치로 나타내는 함수이다. 주로 loss function과 같은 의미로 쓰인다.

D

- **Dataset**: 학습에 사용되는 데이터 묶음이다. 보통 train, validation, test 세 부분으로 나뉜다.
- **Deep Learning(딥러닝)**: 여러 층의 인공신경망을 쌓아 복잡한 문제를 해결하는 머신러닝 기술이다.
- **Dropout**: 신경망 학습 중 일부 노드를 임의로 제거하여 과적합을 방지하는 기법이다.

E

- **Epoch**: 모델에 전체 학습 데이터를 한 번에 모두 학습시키는 단위이다. 일반적으로 여러 epoch을 반복한다.
- **Embedding(임베딩)**: 범주형 데이터를 벡터 형태로 변환하는 기법이다. NLP에서 단어를 벡터로 표현할 때 사용된다.

F

- **Feature**: 하나의 데이터 샘플을 설명하는 속성 또는 변수이다(예: 키, 몸무게, 색상 등).
- **Fine-tuning**: 이미 학습된 모델을 기반으로, 특정 작업에 맞게 일부 계층을 추가 학습시키는 과정이다.

- **Fully Connected Layer**: 신경망에서 모든 노드가 다음 층의 모든 노드와 연결된 구조이다.

G

- **Gradient Descent(경사 하강법)**: 손실 함수를 최소화하기 위한 최적화 알고리즘이다.
- **GPU(Graphics Processing Unit)**: 딥러닝 학습 속도를 비약적으로 높이는 병렬 처리 하드웨어이다.
- **Ground Truth**: 모델의 예측 결과와 비교하기 위한 '정답' 데이터이다.

H

- **Hyperparameter(하이퍼파라미터)**: 학습 전에 사람이 설정하는 값이다(예: 학습률, 배치 크기, epoch 수 등).

I

- **Inference(추론)**: 학습된 모델이 실제 데이터를 보고 예측을 수행하는 과정이다.

L

- **Label**: 지도학습에서 정답 값에 해당하는 항목이다.
- **Learning Rate(학습률)**: 가중치를 얼마나 크게 조정할지 결정하는 값이다. 너무 크면 발산하고, 너무 작으면 느리게 학습된다.
- **Loss Function**: 모델의 예측값과 실제값 사이의 차이를 수치화하는 함수이다. 대표적으로 CrossEntropyLoss, MSELoss 등이 있다.

M

- **Model**: 학습된 알고리즘으로, 주어진 데이터를 입력받아 예측값을 출력한다.

N

- **Normalization**: 데이터를 일정한 범위로 조정하는 전처리 기법이다. 대표적으로 MinMax Scaling, Z-score normalization이 있다.

O

- **Object Detection**: 이미지나 영상에서 객체의 위치와 종류를 동시에 탐지하는 작업이다. 대표 모델로 YOLO, SSD, Faster R-CNN 등이 있다.
- **Optimizer(최적화기)**: 모델의 성능을 향상시키기 위해 가중치를 조정하는 알고리즘이다(예: Adam, SGD 등).
- **Overfitting(과적합)**: 학습 데이터에는 잘 맞지만 테스트 데이터에서는 성능이 낮아지는 현상이다. 이는 일반화가 부족한 상태이다.

P

- **Pooling**: CNN에서 특성 맵의 크기를 줄이기 위해 사용하는 연산이다. 주로 Max Pooling, Average Pooling이 사용된다.
- **Precision**: 모델이 양성이라고 예측한 것 중 실제로 양성인 비율이다.

R

- **Recall**: 실제 양성 중에서 모델이 정확히 예측한 비율이다.
- **Regularization**: 과적합을 방지하기 위한 방법이다. 대표적으로 L1/L2 정규화가 있다.

S

- **Segmentation(세분화)**: 이미지나 영상에서 픽셀 단위로 객체를 구분하는 작업이다.
- **Supervised Learning(지도학습)**: 입력과 정답 쌍이 있는 데이터를 기반으로 학습하는 방식이다.

T

- **Test Set**: 모델 성능을 최종적으로 평가하기 위해 사용하는 데이터셋이다.
- **Tokenization(토크나이징)**: 문장을 단어 또는 의미 있는 단위로 분리하는 NLP 전처리 과정이다.
- **Train/Test Split**: 데이터를 학습용(train)과 평가용(test)으로 나누는 과정이다.
- **Transfer Learning**: 이미 학습된 모델의 일부 또는 전부를 재사용하여 새로운 작업에 적용하는 기법이다.

U

- **Underfitting(과소적합)**: 모델이 학습 데이터조차 제대로 예측하지 못하는 상태이다.
- **Unsupervised Learning(비지도학습)**: 정답 없이 데이터의 패턴을 학습하는 방식이다.

V

- **Validation Set**: 학습 중 모델 성능을 평가하기 위해 사용하는 데이터셋이다.

Y

- **YOLO(You Only Look Once)**: 실시간 객체 탐지를 위한 딥러닝 모델로, 이미지 전체를 한 번에 분석하는 방식이다.

2. 오류 해결법 모음

본 부록은 AI 개발 과정에서 자주 발생하는 오류들과 그에 대한 원인 분석 및 해결 방법을 정리한 것이다. 초보자들이 코드 작성 중 겪는 좌절을 줄이고, 오류를 스스로 진단하고 해결하여 중단 없이 실습을 이어가도록 하기 위한 것이다. 각 오류 항목에 대해 코드 예시와 함께 시각적인 설명을 추가하여 학습 효과를 높이고자 한다.

ModuleNotFoundError

1) 증상

ModuleNotFoundError: No module named 'cv2'

2) 원인

해당 모듈이 설치되어 있지 않거나, 가상환경이 올바르지 않은 경우 발생한다.

3) 해결법

다음과 같이 패키지 설치를 확인한다.

pip install opencv-python

4) 코드 예시

import cv2   # 설치가 안 되어 있으면 ModuleNotFoundError 발생

IndentationError

1) 증상

IndentationError: expected an indented block

2) 원인

들여쓰기를 할 부분에 공백이 빠졌거나, 공백과 탭이 혼용되었을 경우 발생한다.

3) 해결법

들여쓰기를 일관되게 한다(파이썬은 4칸 스페이스가 일반적).

4) 코드 예시

```
def hello():
print("Hello")   # ← 들여쓰기 안 됨
```

NameError

1) 증상

```
NameError: name 'x' is not defined
```

2) 원인

정의되지 않은 변수를 사용했거나 오타가 있는 경우이다.

3) 해결법

변수를 먼저 정의했는지 확인한다.

4) 코드 예시

```
print(x)   # x가 정의되지 않음
```

TypeError

1) 증상

TypeError: 'int' object is not iterable

2) 원인

숫자 등 반복 불가능한 객체를 반복문에 사용했을 경우이다.

3) 해결법

자료형을 확인하고 적절한 자료형으로 변경한다.

4) 코드 예시

```
for i in 10:
    print(i)   # int는 반복 불가
```

FileNotFoundError

1) 증상

FileNotFoundError: [Errno 2] No such file or directory: 'cat.jpg'

2) 원인

파일 경로가 잘못되었거나, 존재하지 않는 파일을 참조한 경우이다.

3) 해결법

경로를 절대 경로로 확인하거나, 현재 작업 디렉토리를 확인한다.

4) 코드 예시

```
image = cv2.imread("cat.jpg")   # 파일이 없으면 None 반환
```

AttributeError

1) 증상

```
AttributeError: 'list' object has no attribute 'shape'
```

2) 원인

객체에 존재하지 않는 속성을 호출한 경우이다.

3) 해결법

객체의 타입을 확인한 후 올바른 메서드를 사용한다.

4) 코드 예시

```
mylist = [1, 2, 3]
print(mylist.shape)   # 리스트에는 shape 속성이 없음
```

ValueError

1) 증상

ValueError: could not convert string to float: 'abc'

2) 원인

형 변환 대상 값이 유효하지 않을 경우 발생한다.

3) 해결법

데이터 정제를 통해 유효하지 않은 데이터를 걸러낸다.

4) 코드 예시

```
x = float("abc")   # 문자열을 실수로 변환할 수 없음
```

ZeroDivisionError

1) 증상

```
ZeroDivisionError: division by zero
```

2) 원인

0으로 나누기를 시도한 경우이다.

3) 해결법

나눗셈 이전에 분모가 0이 아닌지 검사한다.

4) 코드 예시

```
x = 10 / 0
```

ImportError

1) 증상

```
ImportError: cannot import name 'array' from 'math'
```

2) 원인

모듈 내에 존재하지 않는 대상을 import하려 한 경우이다.

3) 해결법

해당 객체가 정의된 모듈을 정확히 확인한다.

4) 코드 예시

```
from math import array  # math 모듈에 array 없음
```

RuntimeError(GPU 관련)

1) 증상

```
RuntimeError: CUDA error: out of memory
```

2) 원인

GPU 메모리가 부족할 때 발생한다.

3) 해결법

배치 크기를 줄이고, GPU 캐시를 비우거나 CPU를 이용한다.

4) 코드 예시(PyTorch)

```python
import torch
try:
    output = model(input.to('cuda'))
except RuntimeError as e:
    torch.cuda.empty_cache()
    print("GPU 메모리 부족:", e)
```

추가 팁

에러 메시지를 그대로 복사해서 구글링하거나 ChatGPT에 붙여넣으면 유용한 해결책을 찾을 수 있다.

또 파이썬에서 try-except 문을 사용하면 오류 발생 지점을 직접 제어할 수 있다.

3. 오픈데이터셋 목록

AI 학습을 효과적으로 이어가기 위해서는 신뢰할 수 있는 자료를 꾸준히 접하는 것이 중요하다. 본 부록에서는 입문자와 중급자를 위한 실습에 활용 가능한 오픈데이터셋을 분야별로 정리하여 제시한다.

오픈데이터셋 목록(실습 활용)

1) 이미지 데이터셋

① MNIST

- 손글씨 숫자 인식용 데이터셋, 딥러닝 입문용 필수
- URL: http://yann.lecun.com/exdb/mnist/

② Fashion-MNIST

- 의류 이미지로 구성된 10개 클래스의 데이터셋, MNIST의 대체로 자주 사용됨
- URL: https://github.com/zalandoresearch/fashion-mnist

③ CIFAR-10 / CIFAR-100

- 32×32 크기의 다양한 사물 사진, 분류 모델 실습에 적합
- URL: https://www.cs.toronto.edu/~kriz/cifar.html

④ COCO(Common Objects in Context)

- 객체 탐지 및 분할용 대형 데이터셋, YOLO 계열 실습에 유용
- URL: https://cocodataset.org/

⑤ ImageNet

- 수백만 개의 레이블링 이미지로 구성된 대형 데이터셋, 대규모 모델 학습에 사용됨
- URL: https://image-net.org/

2) 텍스트 데이터셋

① IMDB 영화 리뷰

- 긍정 및 부정 감성 분석용 리뷰 데이터셋(이진 분류 실습에 유용)
- URL: https://ai.stanford.edu/~amaas/data/sentiment/

② 20 Newsgroups

- 뉴스 문서 20종 분류용 텍스트, 벡터화 및 토큰화 실습에 활용 가능
- URL: https://scikit-learn.org/0.19/datasets/twenty_newsgroups.html

③ Wikipedia Corpus

- 자연어 처리 학습용 위키백과 전체 덤프 파일 제공, 사전 학습 기반 모델 학습에 사용됨

- URL: https://dumps.wikimedia.org/

④ Quora Question Pairs

- 질문 쌍의 의미 유사성 판별을 위한 데이터셋
- URL: https://www.kaggle.com/competitions/quora-question-pairs/data

3) 음성 및 기타

① LibriSpeech

- 영어 오디오북 음성 데이터, 음성 인식 모델에 활용
- URL: http://www.openslr.org/12/

② Google Speech Commands

- 짧은 음성 명령어(예: yes, no, stop 등)로 구성된 데이터셋
- URL: https://www.tensorflow.org/datasets/catalog/speech_commands

③ UCI Machine Learning Repository

- 다양한 형식의 범용 실습 데이터 제공(표, 시계열 등)
- URL: https://archive.ics.uci.edu/ml/index.php

④ OpenML

- 수천 개의 공개 머신러닝 데이터셋 제공 및 실험 공유 가능 플랫폼
- URL: https://www.openml.org/

사용 팁

- Kaggle에서도 다수의 데이터셋과 커뮤니티 실습이 가능하다(https://www.kaggle.com/datasets).
- 데이터셋을 다운받아 Jupyter Notebook 또는 Colab에서 직접 가공해보는 것을 추천한다.
- 데이터셋 전처리를 직접 수행해보는 것이 모델 성능 이해에 큰 도움이 된다.
- 가능하다면 작은 데이터셋으로 모델 실험을 반복해본 후, 대형 데이터셋으로 확장하는 전략이 효과적이다.

AI 학습은 단거리 경주가 아닌 마라톤이다. 위 자료들을 반복적으로 활용하며 자신만의 실험을 이어가면 실력이 자연스럽게 향상될 것이다.

에필로그

축하합니다. 여러분의 첫 번째 AI 여정을 마쳤습니다. AI라는 거대한 바다에 첫발을 내딛는 여정, 그 여정의 막바지에 도달하신 여러분을 진심으로 응원합니다. 이 책의 각 장을 따라오며 'AI가 실제로 어떻게 작동하는가', '데이터가 어떻게 모델로 이어지는가', '내 손으로 인공지능 서비스를 만들 수 있는가'를 체감하셨을 것입니다.

하지만 이것은 끝이 아니라 시작입니다. 이 책을 다 읽은 지금, **이제 여러분은 AI를 배우는 사람이 아니라 AI를 활용해 문제를 해결할 수 있는 사람**입니다. 더 이상 '내가 할 수 있을까?'를 묻지 마세요. 이젠 '무엇을 만들고 싶은가?'를 묻고 도전해보세요. 여러분의 창의력과 노력, 그리고 이 책이 만나 또 어떤 멋진 프로젝트가 탄생할지 기대합니다.

이 책을 통해 인공지능을 향한 첫 여정을 완수한 여러분에게 박수를 보냅니다. 다음은 여러분이 직접 세상에 AI를 연결할 차례입니다.

안효경

독자 후기 요청
이 책을 읽고 직접 프로젝트를 완성하신 분들께 작은 부탁을 드립니다. 여러분의 경험을 아래 방법으로 공유해주세요.

- 깃허브에 여러분의 프로젝트를 공유하고, 이 책을 통해 배운 점을 README에 남겨주세요.
- 온라인 서점 후기란이나 블로그, SNS에 감상이나 활용기를 남겨주시면 큰 도움이 됩니다.

여러분의 소중한 경험과 목소리는 이 책의 다음 독자에게 큰 힘이 됩니다.

참고 자료 및 문헌

- Glenn Jocher et al. "YOLOv5 by Ultralytics", https://github.com/ultralytics/yolov5
- Alexey Bochkovskiy et al. "YOLOv4: Optimal Speed and Accuracy of Object Detection", arXiv:2004.10934
- Joseph Redmon et al. "You Only Look Once: Unified, Real-Time Object Detection", CVPR 2016
- Streamlit, https://streamlit.io
- OpenCV: Open Source Computer Vision Library, https://opencv.org
- PyTorch Documentation, https://pytorch.org
- Ultralytics YOLO Docs, https://docs.ultralytics.com
- GitHub Docs - Getting Started, https://docs.github.com
- Jetson Nano AI Experiments, NVIDIA, https://developer.nvidia.com/embedded/jetson-nano-developer-kit
- EfficientDet: Scalable and Efficient Object Detection, Mingxing Tan et al., CVPR 2020
- MMPose: OpenMMLab Pose Estimation Toolbox, https://github.com/open-mmlab/mmpose
- OBS Studio: https://obsproject.com
- Google Colab: https://colab.research.google.com
- arXiv Sanity Preserver: https://www.arxiv-sanity.com